馬克·貝特森 Mark Batterson——著　胡訢諄——譯

美國暖心牧師用
三句箴言帶你走出人生低谷

請、對不起、謝謝

PLEASE,SORRY,THANKS
THE THREE WORDS THAT
CHANGE EVERYTHING

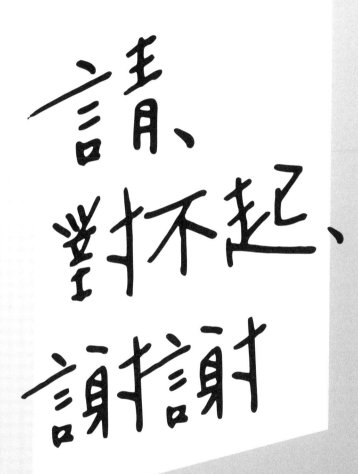

獻給我的父母

謝謝他們教我說「請、對不起、謝謝」

譯注：本書所引用之聖經章節，翻譯均參照中文和合本。

目次

前言

阿布拉卡達布拉

太初有道。

——《約翰福音》第一章第一節

語言學家認為，「阿布拉卡達布拉」（Abracadabra）是世界上最通用的詞，而且不需要翻譯。[1]這是魔術師用的詞，但就詞源學而言，它的意義偏向精神層面，而非魔術。「阿布拉卡達布拉」古時候的意思是「我說話的同時，就會創造」。[2]換句話說，言語創造世界！猶太神學家亞伯拉罕・赫雪爾（Abraham Heschel）說：「言語本身是神聖的，是上帝創造宇宙的工具，也是我們帶給世界聖潔——或邪惡——的工具。」[3]

芝加哥大學在一系列的研究中，分析了數千段諮商過程的錄音；某些成效很好，患者進步顯著，其他則不成功。差異因素是什麼？不在治療師的技巧。哲學家簡德林博士（Dr. Eugene Gendlin）說：「差異在於個案本身說話的方式。」[4]人生像是在玩「老師說」的遊戲，而你就是老師！

想改變人生，就要改變你說的話。

言語並不客觀地表現世界，相反的，言語主觀地創造世界！我們的言語可以成為自我實現的預言，無論往好的一面，或往壞的一面。言語的力量能夠祝福或詛咒、治癒或傷害、賦予生命或導致死亡。科學研究發現，對植物說負面的話，它們會萎靡不振，而正面的話有助於它們茁壯成長。[5]對人類而言也是如此！

所羅門說：「生死在舌頭的權下。」[6]猶太智者暨譯者阿奇拉（Akila）將舌頭定義為工具，「一端有刀，一端有湯匙」，就是生與死。[7]舌頭是兩面刃。耶穌的異母兄弟雅各說：「我們用舌頭頌讚那為主為父的，又用舌頭咒詛那照著神形像被造的人。」[8]他將舌頭比喻為船舶的舵，決定航行的方向。[9]你的命運，很大程度取決於你的言語。

耶穌說：「心裡所充滿的，口裡就說出來。」[10]言語就像X光，然而它所透露的，不僅是我們的內心狀況。我們的言語既是診斷又是預後。著名的兩性專家約翰・戈特曼博士（Dr. John Gottman）預測離婚的準確程度超過百分之九十，他是如何做到的？他耙梳語言，分析人們吵架的方式。過程之中，戈特曼博士發現他所謂的「末日四騎士」，即負面的溝通模式——批評、輕視、防禦和阻礙。[11]

想改變人際關係，就必須改變你的言語。

請容我老實說，近年來政治立場兩極化，我的生活和領導能力嚴重受到影響。低度的禮貌素養和高度的懷疑主義，共同掀起難以平復的狂風暴雨。

無論你說什麼，似乎永遠不夠，但又好像過多。還是只有我有這種感覺？做也不對，不做也不對。積極樂觀本來是我的優勢，但我最近發現自己情緒低迷。以下是我在心情不好時寫的日記，當時我感覺自己的情緒難以振奮：

我筋疲力竭。

我疲憊不堪。
感覺就像正在枯竭。
我無法恢復元氣。
我的思緒模糊。
我的心情煩躁。
主啊，幫助我。

那個幾月，我反覆自我檢視，發現我經常使用負面言詞。我這才明白，何謂一語成讖，甚至幫了壞事一把。那幾個月，我老是在強調領導有多難，結果把領導變得比原本還難！我說的話強化負面事物的惡性循環，因而變成自我實現的預言。你在別人背後抱怨的時候也是如此，這是我第二個領悟。想改變這種模式嗎？你可以觀察人們做了什麼好事，然後在背後稱讚他們，藉此翻轉生活的既定劇情！

想改變態度，就必須改變你說的話。

你說的話是奧坎剃刀——簡單的言語可以解決看似不可能的問題；你說的話是阿基米德的槓桿——簡短的言語可以締造天大的差別。

本書是關於三個簡短，但威力無窮的詞：請、對不起、謝謝，它們就像咒語，可以創造驚奇。沒有其他的話語，能像「請」那樣打開大門，像「對不起」那樣修補裂痕，像「謝謝」那樣搭建橋梁。這三個詞具有改變人生的威力。這三個詞能夠改變愛你的人、恨你的人，以及其他所有人的人生。

接下來，我們會探索「請」的心理學、「對不起」的科學，以及「謝謝」的神學。沿途中，我們將學習同理的藝術，一起培養情緒智商與情境智力。我也將引用故事和研究，加上幾個最好的實踐方法，幫助你改變言語，繼而改變生命。但是首先，我們的「支持者」（就是字面上的意思）有話要說。為了瞭解言語的力量，我們必須回到最初。

神說，要有光。12

七次艾美獎、十六次葛萊美獎的得主伯恩斯坦（Leonard Bernstein）認為，對於這句話，比「說」更好的解釋是「唱」。這位前紐約愛樂交響樂團的指揮說：「起初是音符，而音符與上帝同在。伸出雙手去拿高高在上的音符，帶回地球給我們，送到人間的耳朵——這就是作曲家。」[13]

說到音符，宇宙的每個原子都唱著獨一無二的歌曲。用較科學的話來說，每個原子以獨一無二的頻率發射並吸收能量。週期表上每個元素是如此、你是如此、言語亦是如此。賦予生命的言語，與太初的音符共鳴；破壞性的言語則相反，它牴觸了上帝良善完美的意志，所以造成了世間的不和諧。

「請、對不起、謝謝」在共鳴時發出的力道，就像三部合唱一樣，超越了所有的言語。親切的「請」打開心門；簡單的「對不起」修補破裂的關係；由衷的「謝謝」是製造感激的齒輪。

這三個詞都有其藝術與科學元素。讓我們來舞文弄墨，把「請、對不起、謝謝」當成藝術。接著從科學的角度看，最初的那句話——「要有光」，無論上帝是說了還是唱了，都可以從語音學的方面去想。聲音是能量活動的形式之一，以物理學來看，言語並不只是交換想法，還能交換能量。

人聲發出的音波以每秒三百四十三公尺在空間中傳遞。一般女性說話的聲音平均為一百七十至兩百二十赫茲。而一般男性，發育之後，說話的聲音較低沉，在一百至一百五十赫茲之間。瑪麗亞・凱莉以寬廣的音域著名，有五個八度，但多數人的聲音介於五十五至八百八十赫茲。

我們的聽覺範圍則在二十至兩萬赫茲之間。低於二十赫茲的聲音屬於次音，高於兩萬赫茲屬於超音。聲音就在這兩個狀態下變得奇異且神祕。大象憑著次音預測天氣變化，候鳥依靠次音來遷徙。超音波可以用來追蹤潛水艇、引導非侵入手術、清潔珠寶、修復受損組織、擊碎腎臟結石，或透過聲波圖揭露寶寶的性別，很神奇吧！

上帝說的話，我們聽得見嗎？當然！但是祂的音域很窄。祂說話的能力超越我們聆聽的能力。上帝不只用祂的聲音形成言語，還會用言語形成世界！我們「見到」

的一切，都是上帝「說過」的，甚至可以說是祂「唱過」的。上帝用祂的聲音無中生有——阿布拉卡達布拉。

太初有道，道與神同在，道就是神。這道太初與神同在。萬物是藉著祂造的；凡被造的，沒有一樣不是藉著祂造的。[14]

根據都卜勒效應，我們得知宇宙仍在膨脹。換句話說，上帝在太初說的道，至今仍在宇宙的邊緣創造銀河。宇宙就是上帝說：「看看我能用三個字創造什麼！」我們「所見」的一切都是上帝「所說」。

多數人都說自己從未「聽過」上帝的聲音，若是指耳朵沒聽到，那就沒什麼好爭論的。但是有些真實的事情，是超越嗅覺、觸覺、視覺和聽覺的。上帝會用次音和超音治癒人心、透露訊息、引導方向、給予恩賜、說服凡人與創造萬物。

我知道你在想什麼，「我不會無中生有」。當然，也許你無法在宇宙點燃大爆炸，但是上帝以自己的形像創造的你，口中所說的話，能夠創造世界。

我們初來乍到這個世界的時候，主要的溝通工具是哭。給寶寶幾個月的時間，他們就能發出基本的音節。剛學步的幼兒平均約有五十至一百個詞彙。在我們搖搖晃晃走路的時候，言語是我們理解世界和達到目的的方法！大人也是一樣。我們的詞彙飛快增加，也更懂得使用語調和肢體語言來溝通。

牛津辭典估計，英語大約有十七萬一千四百七十六個詞，當中約有四萬七千一百五十六個詞已經過時。[15]辭典專家蘇西．丹特（Susie Dent）表示：「成年人常使用的主動詞彙約兩萬個，被動詞彙約四萬個。」[16]

我不知道你常用的詞彙是高於或低於平均，但我有個理論。不管你做什麼，只需要再加三句話就會成功：請、對不起、謝謝。當然，拼字比賽是困難多了，但除此之外的每件事都會更順利。

想當醫生的話，就去讀醫學院，想成為律師，就去念法學院，但人生想更上一層樓的話，靠的不是文憑。很多人都有博士學位，不過在生活、戀愛和方作方面，想要有所成果，就端看你多精通於「請、對不起、謝謝」。

成功學大師戴爾·卡內基說：「一個人經濟上的成功，有百分之十五是基於他的技術和知識，而剩下的百分之八十五，都全有賴於人際建構（human engineering）。」17在這過程中，能夠令你以小搏大的，就是「請、對不起、謝謝」！這三句話是所有健康人際關係的基石，能充分展現你的精神、心理和情感健康。它們將決定你有多幸福，我還想加上——你有多聖潔。

如何培養親密關係？

如何修補犯下的錯誤？

如何克服創傷？

如何找到真正的幸福？

如何改變家庭氛圍？

如何改變工作文化？

如何結交朋友並影響他人？

只要擅長說「請、對不起、謝謝」就可以了！當然，不能只是像鸚鵡一樣，而是必須言行一致。它們必須成為一種生活方式，一種生活規則。請相信我，你可以改變世界。怎麼做？用言語就能創造能量了！

第1篇

「請」的心理學

Please

一八七九年，生物學家高爾頓（Francis Galton）發明了詞語聯想測驗，「受試者接收一個刺激想法的詞彙後，馬上要回答腦中出現的第一個詞」。[1]精神分析學家榮格也用這個測驗來研究病人的潛意識。在一百個詞彙的刺激下，病人的反應能揭露過去的創傷、潛在的恐懼和內在衝突。榮格特別注意會引起生理反應的詞。此外，有些詞會促發負面情緒和痛苦記憶，有些詞的功用則完全相反。[2]據《聖經》的記載，基列出產的乳香有醫治功效，而言語也是。不過，言語也會引發混亂，讓我們的腦袋像彈珠台一樣乒乓響。

我們每人都和言語發展出獨一無二的關係。基於個人的經驗，我們聽到的話，意思都不同。我的兒子約西亞在小時候，總以為「使徒」一詞的意思是「暴風」。我只能猜測，那是因為我念了那個故事：暴風襲擊了加利利海邊的使徒。他必定是混淆了那些詞。當天空出現暴風的雲朵，他就會說「使徒要來了」。無論對錯，對不同的人來說，一樣的詞會代表不同的事物。

如果我說「藍色」，你會想到什麼？很多人會自動聯想到天空。如果你的工作或興趣和政治有關，便會想到藍色的州（支持民主黨）。如果你是密西根大學的校友，就會想到「藍隊衝吧」（Go Blue!）的美式足球校隊口號。又或者你是看著兒童節目「藍色小腳印」（Blue's Clues）長大的，腦中隨時都能哼起那首主題曲。言語召喚塵封的記憶，引發深藏的情緒，啟動我們的防禦機制，催化瘋狂的想法。而且是在我們毫無意識的情況之下。

社會心理學家約翰．巴奇（John Bargh）數十年來都在研究言語如何影響行為。在其中一項研究中，他請大學生接受隨機的語句測驗；有一份問卷放置粗魯的詞，例如打擾、麻煩、侵犯；另一版隨機放置跟禮貌相關的詞，例如尊重、體貼、禮讓。受試者以為他們接受的是語言能力測驗，但實際上，巴奇要觀察，這些詞如何促發他們的潛意識念頭。

促發（priming）是心理學的現象，是指刺激與反應。舉例來說，「護士」一詞若出現在「醫生」後，會更快被辨認出來；「狗」和「狼」也是。何以如此？這些詞能促發意義，令你想起同類的事物。如果我說「帝國大廈」，你的心理便會浮現「紐約」。同樣的道理，「請」這個詞能促發禮貌的態度。

做了五分鐘的隨機語句測驗後，學生將走到樓下，跟研究人員討論下一個任務。研究人員特地安插一位演員陪同討論。目的是什麼？巴奇想要看看，受到粗魯詞與禮貌詞所促發的兩組受試者，會等待多久才打斷對方的談話。結果，在第一組的受試者中，有百分之六十五開口插話；而受到禮貌詞促發的受試者，有百分之八十二始終保持耐心。[3] 如果實驗不是以十分鐘為限，誰知道他們還會等多久？

幾個禮貌的詞能改變什麼？用數字來看，可以改變百分之四十七的人！不要低估禮貌詞的力量，尤其是「請」這個詞。

有求於人的時候，「請」能表達尊重和堅持。請求並非要求，而且保持真誠的態度才有效果，如果你的目的是操弄對方，只會得到反效果。動機必須符合言語，心口一致才是正道！

作家艾蜜莉．波斯特（Emily Post）精通禮儀，而她的讀者應該會認為，今日社會需要復興禮節，而且就從「請」開始。「這個詞能引導接下來的語調，無論你想說什麼，這都是非常重要的禮節」。[4]「請」最能促發正向的反應，尤其如果你再加上「真誠地」，就能「把命令變成請求」。[5]況且，沒人喜歡被下指導棋！

克里斯提安．赫特（Christian Herter）擔任過麻州的州長。某天，在忙碌的競選活動結束後，他順路造訪某個教會的烤肉活動。排隊取餐時，他問可否多拿一塊雞肉。負責夾菜的女子說：「抱歉，一人只有一塊。」赫特州長是個謙虛的人，但他當時非常餓。「你知道我是誰嗎？我是州長。」那個女人不為所動。「你知道我是誰嗎？我是負責發雞肉的女人。往前，先生！」[6]

不論你是不是州長，若不客氣地提出「要求」，都會顯得自以為是。相反地，透過簡單的「請」，展現一視同仁的態度，你就能超越自己的頭銜、地位、身分，而人生路也會走的更遠。真誠勝過權威，就像一手同花大順的好牌。「請」這個詞表現謙卑的態度，而在這方面，沒有人比耶穌更擅長：

凡事不可結黨，不可貪圖虛浮的榮耀；只要存心謙卑，各人看別人比自己強。

各人不要單顧自己的事，也要顧別人的事。

你們當以基督耶穌的心為心：

祂（耶穌）本有神的形像，不以自己與神同等為強奪的；反倒虛己，取了奴僕的形像，成為人的樣式。[7]

神學家稱此為「放棄神性」，基督為他人虛己，我們也受到召喚，去效法祂的精神。這全關乎為他人添加價值。你可以學習巧妙的說服技巧，但是，它們常被濫用以滿足私利，導致溝通變成零和賽局。有更好的方式：學習耶穌、放下自我、關心他人並顧及對方的福祉。

請，就是將自己的喜好放在一邊。

請，是交出你的權利。

請，是讓人站上主導地位。

請，是把球放在對手的發球區。

請，是抬舉別人高於自己。

在需求前面加上「請」，就會產生漣漪效應；這稱為互惠法則。當某人對你客氣，你會有股內在衝動客氣回去。請的心理學不是什麼高深的科學，僅是簡單的黃金定律：「你們願意人怎樣待你們，你們也要怎樣待人。」[8]而且就從「請」開始！

第一章
從「我」變成「我們」

凡事都不只是關於你。

——華理克（Rick Warren）牧師，《直奔標竿》

英國首相邱吉爾的母親珍妮．傑羅曾經連續兩天和兩位英國首相晚餐。對兩人的印象，珍妮說：「第一天我坐在格雷斯通旁邊，離開飯廳的時候，我覺得他是英格蘭最聰明的男人。」與迪斯雷利吃過飯後呢？「我覺得我是最聰明的女人。」[1]

格雷斯通擅長表現他富有魅力的人格特質，這件事情本身並沒有錯，畢竟每個人都會拿出自己最好的一面。迪斯雷利則善於從別人的井裡取水，並引導別人展現最好的自己。差別在哪？格雷斯通以自我為焦點，但是迪斯雷利以他人為焦點。迪斯雷利說：「請他們聊自己的事，他們會談上好幾個小時。」[2]

我的屬靈父親迪克・福特（Dick Foth）說，世界上有兩種人。第一種人走進房間，同時在心裡大聲說：「我在這裡！」他們相當重視自己。他們膨脹的自我無法通過房門，想的都是我、我、我。第二種人呢？他們走進房間，同時在內心大聲說：「你在這裡！」他們在門口放下自我，想的是其他所有人。他們的目標是增加對方的價值。

你是哪一種人？是「我在這裡」？還是「你在這裡」？

想要引起注意的人都無法讓人留下印象。真正讓人記住的，是完全不去引起注意的人。同樣的道理，最有趣的人是真心對別人感興趣。他們會問很多問題，而且接著說：「我還想聽！」

有名的護教人士法蘭西斯・薛佛（Francis Schaeffer）說：「如果我只能和某人相處一個小時，我會花前五十五分鐘發問，瞭解他們心靈和思想的煩憂，接著在最後五分鐘，我會分享真理。」[3]薛佛懂得聆聽的美德。他的妻子伊迪絲表示交談是他的事工。[4]

你知道老羅斯福總統平均每天讀一本書嗎？而且是在他在職的時候。[5]他怎麼做到的？首先，他不看電視或瀏覽社群媒體！一個世紀以前，令人分心的東西少多了，但即使他生活在今天，我也不認為他會讀得較少。為什麼？羅斯福對上帝創造的所有事物充滿聖潔的好奇心，而閱讀是他的研究方式。羅斯福會做好功課，以迎接客人、讓交談更順暢。如果我們面對人際關係也是這種態度，一定會更有趣，畢竟話題總不能老是繞著天氣打轉！

你的生活節奏平穩嗎？能夠與人順利交談嗎？與人交談時，多半在說，還是在聽？有人飛過大半個美國，跑來找我談了一個小時，但過程中我完全無法插話。別誤會——我熱愛聆聽別人的故事，但我一直在想，為什麼他們想要來找我聊天，我猜他們其實就是有話想說！

我的想法是這樣：上帝給我們兩隻耳朵和一張嘴巴——請按比例使用！這和「請」有什麼關係？請，就像聆聽，是以他人為焦點；是在請求許可、賦予對方權力、請對方上座。

暢銷作家亞當．格蘭特（Adam Grant）區分了給予者與索取者。[6]索取者有「匱乏思維」，傾向以自我為焦點，不斷強調「我在這裡」。這是競爭激烈的世界，他們的心頭要務是自利。另一方面，給予者擁有「豐盛思維」，既然種什麼因、得什麼果，所以他們的目標是為他人增加價值，在心中高喊「你在這裡」。

給予者和索取者的成功方法完全不同。對於索取者而言，遊戲結束時，誰拿走最多玩具就贏，所以他們一心一意只想完成目標。然而，給予者不只是喜愛付出，而是生來就為了服務他人。用殉道的傳教士吉姆．艾略特（Jim Elliot）的話：「不能留的東西拿去換不會失去的東西，這並不是傻瓜。」[7]

我的朋友布拉德．福爾斯瑪（Brad Formsma）寫了本書叫《我愛給予》（*I Like Giving*）。說到慷慨，這本書真是金科玉律，內容都在鼓勵人們對思想、言語、金錢、時間、注意力、財產和影響力抱持慷慨的心。正是布拉德介紹我認識美國塑膠公司的創辦人史丹利．譚（Stanley Tam）。當時史丹利九十多歲了，已經捐了一億兩千萬美元給教會事工。某次晚餐，他說的話令我永生難忘：「上帝的鏟子比我們的大。」

換句話說，你不可能超越上帝。接著他又說了另一句話，同樣簡短但深刻：「上帝還不能報答亞伯拉罕，因為他的後代還在不斷增加。」

如果我們看待言語的方式就像看待金錢？

如果我們視自己的言語為禮物？

如果我們慷慨給予活化生命的言語？

耶穌說：「這些事你們既作在我這弟兄中一個最小的身上，就是作在我身上了。」[8]這就是慷慨的傳遞性。你不能祝福他人而不祝福上帝。賦予生命的言語是不斷傳播的禮物。

如何知道你是給予者還是索取者？你的慈善捐款明細可能是個不錯的指標，但是最重要的線索還是「代名詞」。

是的，代名詞，以及其他功能詞，例如定冠詞和介系詞，「這些詞在你的詞彙庫中佔不到千分之一，卻組成你使用的語言百分之六十」。[9]代名詞是短短的詞，但具有微妙的力量。格蘭特說：「既然索取者只顧自己，所以比較少用第一人稱複數的代名詞，如我們、我們的、我們自己，而是更常用第一人稱單數，例如我、我的、我自己。」[10]一項研究指出，許多屬於極端索取者的企業執行長，在其使用的第一人稱代名詞中，有百分之三十九是單數。[11]

心理學有個有趣的分支：「字詞分析」，當中充滿許多洞見。潘尼貝克教授（James Pennebaker）創造了「語文探索與字詞計算」（Linguistic Inquiry and Word Count）這個程式，用來分析各種語句，從歌詞到恐怖分子的書信。FBI請潘尼貝克研究蓋達組織的資料，包括信件、影片和訪談內容。他發現賓拉登使用第一人稱代名詞（例如我、我的）的頻率很穩定。但賓拉登的副手查瓦希里的使用頻率卻出現戲劇性的攀升。潘尼貝克認為：「那些字大幅增加，意謂著受到威脅、有極度的不安全感，或他與賓拉登的關係有所變化。」[12]

在政治的世界，團結軍隊有兩種主要方式。首先，你可以鎖定共同敵人，將膽敢反抗你的人妖魔化。如果你的目標是激起負面情緒，例如恐懼、仇恨、憤怒，這個方法極其有效。你可能贏得一些選票，但卻會分裂族群。猶太拉比喬納森・薩克斯（Jonathan Sacks）稱此為病態的二分法，預先把人群硬拆成「無懈可擊的好」與「無可救藥的壞」。[13]事實是什麼？歷史學家索忍尼辛說：「區分善與惡的線，也貫穿每個人類的心。」在共同敵人的氣氛下，只剩下你死我活的零和賽局。

第二個方法是讚揚共同人性，也就是我內在的上帝遇見你內在的上帝；看重彼此的人性，就能互相平等對待。這一方面，無人比馬丁・路德・金恩博士更有感染力，為了團結人心，他訴諸於共同的價值、理想與知識。他說：「仇恨無法消除仇恨，只有愛能做到。」因此，你會選擇什麼策略——共同敵人還是共同人性？

兩個方向通往截然不同的目的地，而代名詞就是交叉路口：一頭寫著「你我有別」，另一頭寫著「我就是我們」。

身為教會的領導人，我特別注意代名詞的用法。如果我經常使用第一人稱單數代名詞，可能暗示我在工作上正處於不安，比如太保護我的自尊，或是要的功勞多於我應得的。使用複數代名詞，把主角變成我們，而非我，就能改寫劇本。杜魯門總統說：「如果你不在乎誰得到功勞，就能創造不可思議的成果。」睪酮素上升，我們使用的社會性代名詞（我們、他們）就會減少。[14]為什麼？那樣的你更關注於成就，為了實現目標，寧願犧牲人際關係。

「我說了算。要嘛聽我的，不然滾蛋！」

你是哪種人？習慣說「我」還是「我們」？

以自我為重的領袖拿走功勞，推託責任。

以他人為重的領袖不居功勞，承擔責任。

以色列的掃羅王正是典型的缺乏安全感的領導人。他在掌政初期獲得了人民認同與支持，而他的回應是什麼？「掃羅為耶和華築了一座壇。」[15]目前為止都很恭敬。掃羅將功勞歸於主。但是下一章隨即看到，「掃羅到了迦密、在那裡立了紀念碑」。[16]

這兩段話描述了掃羅人生的關鍵時刻，並且透露他個性上的缺陷，以致最終導致悲劇。在基督裡發現自我，就是在為上帝築壇；想向人民彰顯自己，才會為自己立紀念碑；而且你越不安，記念碑就要越大！記得巴比倫王尼布甲尼撒嗎？他為自己立了一座兩公尺高的雕像，並要求人民對著它鞠躬。[17]為何要這麼做？當然是為了好好補償內心的不安全感。

你正為上帝築壇嗎？

還是正為自己立紀念碑？

掃羅王統治期間，以色列人唱了一首歌，惱怒掃羅：「掃羅殺死千千，大衛殺死萬萬。」[18]看來每次那首歌在串流平台上播放，就會激起掃羅嫉妒的感受。他說：「將萬萬歸大衛，千千歸我，只剩下王位沒有給他了。」[19]掃羅做了什麼？「從這日起，掃羅就怒視大衛。」[20]

嫉妒是七宗罪之一。一位神學家說，那是「見不得別人好」。[21]我最喜歡的定義來自馬度（Robert Madu）牧師：「嫉妒是凡人給強者的獎盃。」[22]根據我的經驗，克服嫉妒唯一的方法，就是做和你的感受相反的事。如果你嫉妒某人，就在他們背後大肆讚揚（如果可以當著他們的面讚美更好）。如此一來，你的嫉妒火焰必定會慢慢熄滅。唯有慶祝他人的成功，才能準備體驗自己的成功。

這個故事的諷刺之處是在哪？大衛是掃羅的大功臣，勇敢擊敗了巨人歌利亞，不僅幫國王保住面子，而且拯救了整個王國。那麼結局又是什麼？掃羅開始大玩比較遊戲，但當中沒有人是贏家，只會產生驕傲或嫉妒心，但無論是那個，你都是輸家！

這些和「請」有什麼關係？

「請」讓我們用第一人稱複數來面對人生，將「我」化為「我們」，是人際關係雙贏的通道。管理學大師史蒂芬．科維（Stephen Covey）說：「『雙贏』是凡事相信有『第三個選項』。不單是用你的或我的方式；是用更好、更快的方式。」[23] 我還會加上：用耶穌的方式，所以我深信一句簡單的格言：「若對你來說不是贏的局面，那對我也不是。」最偉大的是侍奉眾人的僕人。與其坐在前座、爭取榮耀，不如坐在桌邊最遠的座位。即使是你應有的權利，也不吝說「請」！

即使我是全國社區教會（National Community Church，簡稱NCC）的主領牧師，我也不會使用第一人稱單數。為什麼？教會不是「我的」。NCC像我的第四個小孩，二十五年來，我投入了無數的血汗、淚水，但我從不說那是我的教會。為什麼？

每位牧師都是階段性的服務者，都是協助上帝的牧者。

耶穌不是說「我會建造你的教堂」，也不是說「你會建造我的教堂」，而是說「我會建造我的教堂」，以此強調教會的主體性。看起來微不足道，但代名詞透露了領導人是以自我或他人為中心。

代名詞透露我們的自我是否聖潔。

代名詞透露我們是給予者或索取者。

代名詞透露我們是在為上帝築壇，或是立自己的紀念碑。

代名詞是決定命運的舵，揭示我們去哪裡尋找認同、尋找安全感甚至敬拜的對象！

因此，要實踐「請」的心理學，就從第一人稱複數代名詞「我們」開始，因為群體更偉大。

「請」的力量存在於他人。而「你」就在其中！

第二章

打開他人心門的咒語

工作是通往每道大門的咒語。——約翰．霍普金斯醫院創辦人奧斯勒（William Osler）

一九六四年，薛尼．鮑迪（Sidney Poitier）成為第一位拿下奧斯卡影帝的黑人。鮑迪不僅推翻種族的刻板印象，重新定義非裔男女演員能扮演的角色，而且他總是面帶笑容。丹佐．華盛頓說：「他……為我們打開關閉多年的門。」[1]薛尼．鮑迪用他的影響力打開多扇大門，然而，又是什麼，為薛尼爵士打開多扇大門？他在一九七四年被英國女王伊莉莎白二世封為爵士。早在那之前，鮑迪的母親就教他常說「請」與「謝謝」。他將此教誨牢記在心，之後並說：「令人驚訝的是，『謝謝』和『請』多次為我打開大門。」[2]

每個成功的故事，背後都有段秘辛。史密格爾（Joel Schmidgall）牧師說：「如果你沒有吃苦就成功，那麼是別人吃苦。如果你吃苦但沒有成功，別人會成功。」成功的背後包括世人永遠不會知道的人，但如果不是他們，也不會有今天的你。他們的犧牲造就你的成功。

沒有三十七位勇士，大衛也不會成為國王。沒有《羅馬書》第十六章讚美的那二十九位朋友，使徒保羅不會完成三次傳教之旅。事實上，沒有十二位門徒或成立資助基金的一群婦女，耶穌不會有後來的成就。

畢德生（Eugene Peterson）牧師的書房牆上掛著三幅肖像。第一幅是十九世紀的紐曼（John Henry Newman）神父，他啟發他的事工哲學。第二幅是奧地利神學家馮・許格爾男爵（Baron Friedrich von Hügel），他影響他對語言的熱愛。第三幅是蘇格蘭傳道士懷特（Alexander Whyte）。每個星期天早晨，畢德生在傳道之前，會先閱讀懷特的佈道書，如此超過二十年。

這三位傑出人士是牆上三位看守人。傳記作家克里爾（Winn Collier）說：「畢德生在研究與閱讀神學的時候，他們守望他。他費力產出文字、禱告、佈道的時候，他們守望他。」[3]同樣的，每個成功的故事，背後都有段秘辛。總有人擔心我們、扶持我們。

這三幅肖像以外，畢德生的每週行事曆上有項固定行程，有三天下午寫著「FD」，這是杜斯妥也夫斯基姓名的縮寫。帶領教會有困難的時候，畢德生會閱讀這位俄國作家的作品。他說：「感謝杜斯妥也夫斯基，上帝與基督受難永遠不會被人遺忘。」[4]

如同雲彩圍繞你的見證人是誰？

誰的肖像掛在你靈魂的牆上？

在你懷疑自己時，誰相信你？

薛尼・鮑迪還是個青少年的時候，他去哈林區赫赫有名的美國黑人劇院（American Negro Theatre）試鏡。他沒有得到那個角色，因為他不會讀劇本。所以鮑迪去做洗碗工。某天，一位年長的猶太服務生看見鮑迪拿著報紙，於是問他：「報紙上有什麼新鮮事？」鮑迪回答：「我無法告訴你，因為我不太識字。」[5]

這個男人耐心教導他數個月後，鮑迪已經能讀很多字，足以在美國黑人劇院得到實習工作。半個世紀後，美國電影學會頒發終身成就獎給他，他說：「我也必須感謝一個年長的猶太服務生，他花時間教一個年輕的黑人洗碗工識字。」[6]鮑迪也獻上最高的敬意：「所有我做的事情，都有一部分是他的功勞。」[7]

你的遺產不是你個人留下的成就，而是他人因為你而有的成就，就像在別人的樹上結果。就從「請、對不起、謝謝」開始，大膽無畏提供協助，低聲下氣接受協助。這些就是人生轉捩點出現的時刻。

現代醫學之父奧斯勒說：「工作是開啟每道大門的咒語。」[8]我不反對。你必須像非你不可那樣工作。但是言語也很重要，而且沒有什麼像「請」那樣打開大門。記得《一千零一夜》裡的阿里巴巴與四十大盜嗎？「芝麻開門」是打開洞穴大門、通往隱藏寶藏的咒語。想打開深鎖的大門，沒有什麼比簡單的「請」更有效。

我們往往試圖靠著職權或特權打開大門，搞得氣喘吁吁。為什麼？我們要世人臣服於自己的所有突發奇想，要地球圍繞著我們的心願而轉。所以我們用自己的頭銜當鐵鎚。上帝不會這麼做，更別說耶穌是紳士！

看哪，我站在門外叩門。[9]

一八五三年，英格蘭藝術家亨特（William Holman Hunt）完成了《世界之光》（The Light of the World），呈現出耶穌在叩門的景象。話中引人注意的特色是：門外沒有把手！為什麼？因為門只能從裡面打開。上帝賜予我們自由意志，且絕不會插手。

你正在敲門嗎？

還是正在拆門？

有句老話提醒我們：「違背個人意願、勉強被說服的人，本意依舊不會改。」想要改變他人的意見，往往會遭遇對方的抗拒。就像在《伊索寓言》裡，太陽與北風爭論誰比較強，於是它們打算讓一個穿著大衣、毫不知情的旅人來評斷。誰能讓他脫下大衣？北風開始呼呼地吹，但是那個男人將大衣抓得更緊。接著太陽開始發光，可想而知，一點點的暖意就會讓那個男人主動脫下外套。[10]

一聲親切的「請」就像一道陽光，比依靠蠻力效果更好，不只讓你贏得朋友，還能化敵為友。說服就像種植的藝術，禮貌地在人們心中栽下種子。怎麼著？你不頒布命令，而是詢問意願；不提出要求，而是提出請求。「請」給予人們空間去思考及實現個人的想法。對方出自真心地信服，才會化為行動；若他只是勉強接受，你就要做更多討人厭的管理工作。

請容我承認。我是控制狂！我討厭聽到人家說「放手，交給上帝」。但是扮演上帝令人精疲力竭，而且我不是非常在行。所以我已學會把恩典多給那些擁有不同經歷和個性的人。

凡事謙虛、溫柔、忍耐、用愛心互相寬容。[11]

最後一句也可理解為「用愛心互相容忍」。這並不意味著不明是非，否則就犯了滑坡謬誤。容忍不是萬事皆可行，甚至違背上帝的良善、悅納和旨意。容忍是什麼？《聖經》的容忍，是給予他人自由意志，正如同上帝所給我們的。強加我的信仰在任何人身上，此舉正是違反我的宗教教義。錢伯斯（Oswald Chambers）牧師說：「讓上帝原原本本與他人同在，如祂與你同在。」

威脅別人，他們的防衛機制便會啟動；嘮叨也是一樣，你逼得越緊，他們的反彈越大。與其用狂風對付他人，不如讓自己如星光般為對方照路。上帝所做的，不就是如此？祂的恩慈領你悔改。[12] 如果那樣沒用呢？祂會向我們展現更多恩慈！這就是反向心理——也許我該說，反向神學。用歌手席琳娜．戈梅茲（Selena Gomez）歌名來說，就是「以慈伺敵」（Kill Em With Kindness）。[13]

〈山上寶訓〉的內容圍繞著六個違反直覺的原則：愛仇敵、為迫害我們的人禱告、祝福咒詛我們的人、把另一邊的臉也轉過來、付出額外的努力以及奉獻僅有的家當。這些舉止也許有違常理，但這就是改變環境的方法。以相反的精神行事——

遇到問題時，福音就是答案！

這和「請」的心理學又有什麼關係呢？沒有什麼話像親切的「請」一樣，能夠化解防禦機制。「請」是我們送給對方的特洛伊木馬；與其拿鐵鎚拆門，不如祈求、尋找、叩門。

你們祈求，就給你們。尋找，就尋見。叩門，就給你們開門。[14]

這些都是現在式的祈使動詞。換句話說，你根本還沒開始！你得不斷祈求、不斷尋找、不斷叩門。不，但不要像詐騙集團那樣狂call上帝。讓我告訴你進門的秘密：勇敢禱告、榮耀上帝，而上帝會實現你大膽的祈求。為什麼？那正顯示你對祂的雄厚信心。

我想區別兩種信心。常人的焦點是什麼？你猜對了，自己。但神聖的信心焦點是神性，即使我們看不見祂的手，但仍相信祂的心。我們知道，祂未嘗留下一樣好處，不給那些行動正直的人。[15]

你們中間，誰有兒子求餅，反給他石頭呢。求魚，反而給他蛇嗎？你們雖然不好，尚且知道拿好東西給兒女，何況你們在天上的父，難道不更把好東西賜給求他的人嗎？[16]

我很喜歡一則聖誕故事，有個名叫班傑明的小男孩，他想要的聖誕禮物是一個妹妹。他決定寫信給上帝：「親愛的上帝，我很乖……」他停筆，知道這不完全是真的。「親愛的上帝，我還算乖……」聽起來也沒什麼說服力，所以他把紙揉成一團丟掉。班傑明決定換個方法。他從聖誕樹下的耶穌誕生場景，拿走聖母瑪利亞的小雕像，藏在他的床底下。然後他重新寫了信：「親愛的上帝，如果你還想見到你的母親……」

我們會為了他的純真發笑，但大人們不也在做同樣的事情？用的策略和班傑明相同——賄賂和威脅。「親愛的上帝，如果你做這個，我就做那個。如果你不做這個，我也不做那個。」好消息是，上帝在我們完全想不到的方面賜福。當然，我們必須做好蒙福的準備。怎麼準備？就從「請」開始。

你不禱告，上帝也不會百分之一百回應你。

你們得不著，是因為你們不求。[17]

上帝因為我們的祈求而榮耀，但我們必須找到正確的理由。請注意：有些人忙著爬上成功的樓梯，卻沒有意識到那梯子靠著錯誤的牆。我的忠告？不要尋找機會。尋找上帝，機會就會尋找你！

芝麻開門！

第三章

明確而微笑地提出請求

微笑；那是免費的治療。

——神學家霍頓（Douglas Horton）

喬伊．雷曼（Joey Reiman）是光之屋（BrightHouse）的創辦人。這是一間創意發想公司，靠著銷售他們的想法賺進上百萬美元。在其著作《思考維生》（*Thinking for a Living*）中，他分享了一個相當獨特的商場經驗。某次，他想爭取到一筆競爭激烈的廣告案，於是他想到一個辦法。他知道那家公司的高階主管要去達拉斯一家高級餐廳吃飯。雷曼付錢給餐廳經理，並且聘請一個墨西哥樂隊演唱他的銷售策略。不用說，他拿到合約了。[1]但是他最棒的業績應該是向他的女友欣西亞．古德（Cynthia Good）求婚。

欣西亞是新聞主播，所以雷曼擬訂計畫，找來亞特蘭大市長、警察局長，還聯繫了一家日本公司，它是亞特蘭大最高樓的業主。六點新聞放送前，導播告訴欣西亞，不久之後，警方要突襲ＩＢＭ大樓的頂樓去緝毒，而且警察局長要給她獨家。她帶著攝影機趕往市區，看見二十輛警車和小隊正等著她來。ＳＷＡＴ護送她上十五樓，然後破門而入。但是，在裡面的不是販毒集團，是單膝下跪求婚的雷曼。她說：「我願意！」接著兩人在亞特蘭大的夕陽底下共進晚餐。[2]

如果你正好在計畫求婚，別有壓力！

請求是藝術，對吧？要做得好，需要有周慮的心思。我再加一項建議——開口之前先禱告，畢竟，正確的言語要在對的時間才有效果。時機是關鍵，語調也是。我錄製有聲書時，總帶著微笑的表情，表面上看來沒有意義，但微笑能改變你講話的音調。

說到微笑，其實微笑背後的科學相當有趣。有人說，微笑要用到二十二條臉部肌肉，皺眉要用到三十七條。[3]為你自己省點力氣，微笑吧。微笑能夠減輕壓力、提升免疫力、降低血壓、延長你的壽命。且慢，不只如此。微笑能幫你保持樂觀、展現自信。[4]

孩子最能體現這個道理：「臉會告訴身體如何感覺。」憑著臉部表情，就能改變情緒；鬆開皺眉，心情也會放鬆。

研究顯示，小孩每天微笑四百次，大人呢？每天二十次。成人和兒童的差距，就在於每天少了三百八十次微笑，非得找回部分不可！「像個小孩」某個部分就是這個意思。微笑是我們管理二十二條臉部肌肉以及第七對顱神經的方法。有趣的事實：研究證明，微笑令你更有魅力。[5]

微笑，讓「請」變得更加親切！

在《但以理書》中，故事的轉捩點是但以理提出大膽的請求、越級挑戰不可能的任務。

求你試試僕人們十天，給我們素菜喫，白水喝。[6]

我無法證明，但以理是否帶著笑容說這句話，也不知道他用什麼樣的語調，但是他起碼提出了請求。他的聰明智慧多人十倍，還花了三年研讀巴比倫尼亞（現今伊拉克一帶）的文學和語言。[7]但我不認為那是他被提拔為首相的理由。但以理成功的源頭要回溯到他那簡單的請求，吃了十天的莢果類食物，才得以鶴立雞群、得到神的寵幸。這一切都多虧了「請」。

心理學家丹尼爾・高曼（Daniel Goleman）說：「人生的成就至多只有百分之二十能歸功於智商。」其他百分之八十依賴情緒智商。[8]它包括廣泛的心理能力，如自我驅策、面對困難堅持不懈、掌控情緒和調節心情，而最重要的就是同理（我們將在「對不起」一章中探討）。

情緒智商好的人懂得察言觀色，這不只是說出該說的話，而是知道何時、如何說。當初巴比倫國王下令，要護衛長去殺哲士們，但以理遇到侍衛時，「就用婉言回答他」。[9]希伯來文的「得體」（tact）意謂「嚐辨味道」（taste）。就像侍酒師可以辨別單寧的澀味、橡木桶的年代以及葡萄種植的海拔高度，但以理透過敏銳的觀察力，進而施展高超的外交手腕。得體，是看穿眼前的問題，辨識根本原因；是連結起個別的因素，以理解生態系統的全貌。

「請」必須以人們懂得的語言說出。偶爾在衣索比亞餐廳吃飯時，我會說：「Ameseginalehu。」這是衣索比亞官方語言的「謝謝」，而那些說這個語言的人會很高興。為什麼？因為我用他們的語言道謝。說「請」的時候，要懂得對方的個性，他們的九型人格是什麼？他們用哪些語言表達感情？用他們理解且喜歡的語言說「請」！

坦白說，有效的「請」有三個關鍵，若要心想事成，三者缺一不可。

「請」，必須明確

你不能拿著一張白紙說請，就像人們不會開無端空白支票，所以你的話語越精細、就越有意義。

文學教授瑪麗蓮·麥金塔爾（Marilyn McEntyre）著有《在謊言文化中小心說話》

（*Caring for Words in a Culture of Lies*），她表示說：「管理言語是項崇高的使命。」[10]「請、對不起、謝謝」更是如此。麥金塔爾在課堂上請學生寫出下列五個詞的定義：自由的、保守的、愛國的、恐怖主義者、基督徒。她說：「結果令人瞠目結舌，學生提出的定義太廣泛，內容卻很平庸。」[11]如果我們對定義沒有共識，又該如何對話？含糊的言語在公共領域會造成嚴重的兩極化。當然，反過來說也是。麥金塔爾說：「使用明確的動詞，寫作功力就會進步。」[12]「請」也是一樣，如果你的請求很明確，結果也會更顯著！

看看，但以理的「請」是多麼明確。他具體說明飲食內容：素菜，並定義時間長度：十天。你的請，必須定義人、事、時、地、理由。如果人們不知道他們要答應什麼，自然很難說「好」。

耶穌與盲人巴底買相遇時，耶穌說：「要我為你作甚麼？」[13]這問題聽起來很多餘，不是嗎？答案當然是恢復他的視力。但耶穌為什麼要問？首先，多數人不知道自己要什麼。如果耶穌直截了當提問，我們多數人會腦袋一片空白！直到你能明確解釋，自己要什麼、為什麼，才能適時得到餽贈。

這個相遇還有最後一課。別再曲解別人的本意！耶穌更不會那麼做。祂在這裡的舉動可謂天才，也就是讓那個盲人用自己的話說出想要的事物，如此一來，他就更有機會擁有它。在心理學中，這稱為生成效應。我們對於親口說的、親筆寫的，更容易記住。

「請」，必須即時

《箴言》的作者說：「話合其時，何等美好。」[14]時間不對，你說什麼都不重要！「清晨起來，大聲給朋友祝福的，就算是咒詛他。」[15]

在我生命非常脆弱的一段時期，我走上祭壇，一位牧師將手放在我的肩膀，為我禱告。過程中，禱告變成預言：「上帝將好好用你。」這七個字改變我的人生軌道。鮑迪深深感謝教他識字的猶太服務生，而我也深深感謝那位牧師。該怎麼報答他？我運用自己收到的預言與恩賜，向人說出賦予生命的話語！

鼓勵和預言有何不同？後者受到聖靈所啟發，通常在某人最需要的時候說出。因此，請求越明確，就越有力。

身為作家，我也會在他人身上看到寫作的天賦。彼此彼此！有時候，我在某人身上看到一本書的雛形，就會大聲說出來。我的牧師朋友凱瑞．紐霍夫（Carey Nieuwhof）用播客節目啟發了上百位管理人。他最近推出一本很棒的書，叫做《高效能！活力時鐘人生管理術》（*At Your Best*）。我從頭讀到最後，坦白說，在謝詞看到我的名字時，真是有點驚訝。凱瑞夫人很好，他這麼說：「本書的原始概念來自二〇一五年我和貝特森在華盛頓特區的談話。」我清楚記得，當時我對凱瑞明明白白地說：「請答應我，這些內容會是你的下一本書！」很少有什麼比預言性的「請」更有力量，那是受聖靈促發而說出的「請」。

「請」，必須量身訂做

一九六七年，我的岳父母鮑伯與凱倫．舒密高爾（Bob and Karen Schmidgall）在建立教會時，他們教派的教區長與夫人來訪。他們最初的核心團體都是大學生，所以三餐就是熱狗、洋芋片、沖泡果汁。外出的時候，克拉克夫婦（E. M. and Estelle Clark）順道在雜貨店買了牛排、烤洋芋、冰淇淋，給團隊伙伴吃。幾天後，我岳母收到一個郵寄的禮物——電動麵包刀。她非常珍惜，到現在還在用，算起來都超過五十年了！

你是否曾經收到極為貼心、難以忘懷的禮物？提姆．狄萊納（Tim Dilena）是紐約市時代廣場教會的主任牧師。在我太太蘿拉抗癌期間，提姆和他的妻子辛蒂送她一個手鐲，從此以後她每天戴著。不光如此，好幾個月後，提姆告訴我：「我們每天都為蘿拉禱告！」

你的「請」，唯有量身訂做的時候才會強大。你必須注入你的特質，讓你的「請」與眾不同，也就是說，唯有你才會說出那些話。

很多年前，我受邀在會議上為青年牧師演講。老實說，我不是很有把握，因為我從沒當過青年牧師。我為什麼答應？主辦單位送來我的真人尺寸人形看板！我怎麼忍心拒絕？付出多一點的努力，就有更多的收穫。廣發英雄帖，會被丟進回收桶；三顧茅廬，才能求得賢才。越是量身訂做，越令人難以忘懷。

我的朋友賈維斯．格蘭澤（Jarvis Glanzer）在明尼蘇達州擔任牧師。我出生在明尼阿波里斯市，小時候，我們家會去艾達湖（Lake Ida）度假。就是在那裡，十九歲的我感受到事工的召喚。我在母牛牧場禱告時，聽見上帝的聲音，無聲無息但絕對無誤。那個母牛牧場是聖地。後來，賈維斯請人製作一件藝術品。我不知道是什麼啟發他的慷慨之舉，那是艾達湖的木雕地圖，而且在我受到召喚的地點標上經緯度。很少禮物比這件更有意義，因為它專屬於我。

每個人都有獨特的創造力！我怎麼知道？因為人們在找藉口時點子最多了，但都是不正經的創意！把頭腦用在「請、對不起、謝謝」，世界才有機會變得更好！

詩人艾蜜莉．狄更生說：「道出所有的真相，但請緩緩地說。」[16]我的建議是：說「請」，但請緩緩地說。提出只有你才會為對方設想的獨特請求。

第四章

為自己洗手，不如為他人洗腳

按照一個人現有的樣子對待他，他將維持現有的樣子。
按照一個人能有且應有的樣子對待他，他將成為能有且應有的樣子。
——改編自歌德，《威廉．麥斯特的學徒歲月》

隨著年齡增長，我們面對世界的方式也會改變。十二歲以前，我們多數對自己都很有信心。青少年時期，我們的自尊掉到最低。不意外，我知道！除了內在的變化，外在的同儕壓力也令人難以承受。青少年的內心矛盾在於，既想要高人一等，又想要融入團體，再加上社群媒體來幫倒忙。幸好！我們的自尊會逐漸增加，直到七十歲！大多數的人在六十五歲的自我感覺會和九歲一樣良好！[1]

這和「請」的心理學有什麼關係？

你對待他人的方式反映你對自我的感覺。受傷的人會把自己的痛楚投射到他人身上，拿對自己的不滿去批評別人，因而造成了傷害。

我們都知道大誡命有兩個面向：一是「盡心愛主」、第二是「愛鄰如己」，但第三個面向很少人欣賞，甚至還被忽視。前兩點我們都懂，但請注意更細微的意義——「如己」。如果你不喜歡自己，也很難去愛別人！而且這個「喜歡」，不是在臉書按讚（like）而已。

臉書前員工法朗西絲．霍根（Frances Haugen）在參議院的聽證會上說明了社群媒體的負面影響。百分之三十二對自己身體感受不佳的青少女表示，IG讓她們覺得更糟。[2] 這很意外嗎？我們每天都在看用濾鏡加工的照片，世界各地都有超級健美的人在做厲害的動作，令人不知不覺就開始比較。忽然，我們看著鏡子裡的自己，不再感覺良好；這稱為「向上的反事實思維」（upward counterfactual thinking）。

與他人比較的負面心態永遠不會停止，在青少年之間更像是傳染病。有個青少年說：「每次我對自己感覺良好的時候，只要一看IG，感覺就沒了。」[3]

最近的研究顯示，百分之六十四的美國人相信社群媒體對社會造成了不少負面影響。[4]聽了也不奇怪，對吧？有人說，我們塑造工具，然後工具回頭塑造我們。至於在社群媒體上，人隔著螢幕就會變成魔鬼。我們在網路上說的話，絕不會當面講出來，否則有可能會被揍！

既然社群媒體對我們有如此大的負面影響，為何我們還花這麼多時間和精神吃下裡面的內容？這個現象叫做「滑動壞消息」（doomscrolling），會把悲觀和絕望的胃口越養越大。就像飛蛾撲火，我們在心理上受負面新聞吸引。你知道百分之九十的新聞都是壞消息嗎？[5]使用負面詞語的頭條報導，吸引注意力的效果多出百分之三十，而且點閱率高出百分之六十。[6]「負面偏見」的影響力比我們所知的更為嚴重。正是由於負面消息的傳播，才導致以色列人無法進入應許之地；而十個負面的人能讓國家倒退四十年！

我不是在鼓吹盲目樂觀，畢竟人類需要接收負面的回饋才能生存，否則將會一錯再錯。但我們需要正回饋的循環才能茁壯，簡單來說，多多讚揚你想看見的好事。

保羅在寫給以弗所的信中提倡這個態度。

污穢的言語，一句不可出口，只要隨事說造就人的好話，叫聽見的人得益處。[7]

無論說話或傳訊息，無論當面或在線上，這個法則都適用：「不會當著他人面前說出的話，就不可說出口」。我知道知易行難，但那正是保羅規勸的重點。社群媒體的問題在於製造匿名的假象。

這些話聽起來像是反對新科技的老古板，但我的確很擔心社群媒體的突發效應。首先，我不認為我們生來就適合在第一時間知道任何事情，那就像吃下知善惡樹上的果子。我們憑什麼認為，自己有辦法吞下無數未經過濾的消息，卻不會受到影響？許多發文的網友自以為在解決問題，但其實只是正義魔人。

半個世紀以前，有位名為葛本納（George Gerbner）的傳播學教授，描述了一種認知偏見，名為「險惡世界症候群」（mean-world syndrome）。[8]也就是說，如果你經常接觸跟暴力有關的新聞，你對世界的觀感會比實際還危險。[9]好消息是，我不認為人們私底下真的像在社群媒體上那樣粗暴，但在網路上大放厥詞、挑釁、欺凌、羞辱他人就是不對的。如果社群媒體對你產生負面影響，請鼓起勇氣戒掉，或者至少取消追蹤那些投放負面訊息的人。

請容我老實地問，你的思想、言語、行為，有多少比例是你所吃下的社群媒體，又被你反芻輸出呢？你的思想、言語、行為，又有多少比例，是來自神的道理？有個古老的縮寫字叫ＧＩＧＯ，意思是「廢料進，廢品出」（Garbage in, garbage out）。聽起來很合理，但坦白說，我們大多數的人都認為自己是天之嬌子，可以吃進垃圾但不受到影響。不光如此，我們還以為只要睡五個小時就能精神百倍，或是擺一本《聖經》在書架上，就能聽見上帝的聲音。讓我打斷你一下：你不是例外。吃什麼，變成什麼；讀什麼，變成什麼；看什麼，變成什麼……我可以繼續舉例，但先停在這裡！

社群媒體的言論經常是反社會的，也改變了文化的語調。我們因為社群媒體變得更分化、更政治化。禮貌感覺像是瀕臨滅絕的物種！好消息是，在這樣的社會氛圍下，你的「請」會更有力量。

「請」讓我們建立公平競爭的環境，找到共同立場。

「請」讓我們表達尊重，即使對於不同意見者也是如此。

「請」讓我們在公共場合恢復文明。

我不太記得做過的夢，但幾年前我做了個夢，至今難以忘懷，而且內容非常簡短。在夢裡，我看見羅馬官員彼拉多在審判耶穌。彼拉多知道耶穌是清白的，但他害怕輿論，所以想藉洗手免除自己的罪。問題是，「無作為」是一種作為，而「不決定」也是一種決定；這便是沉默的罪。彼拉多洗手的時候，我聽見一個聲音：「別像彼拉多那樣洗手；像耶穌那樣替人洗腳。」於是我就醒了！

洗腳是留給低賤僕人的工作，然而，耶穌並不因此不做。祂承擔不屬於祂的責任，且以謙卑行使祂的權威，而那正是耶穌的天才。

如此可以終止多少紛爭？

如此可以調停多少衝突？

如此可以調和多少關係？

彼拉多做的事情完全相反。他洗他的手，就像在說：「那不是我的責任。」當然，打從該隱說出：「我豈是看守我兄弟的嗎？」[10]就是推卸責任。

作家CS路易斯說：「彼拉多是仁慈的，直到出現風險。」[11]彼拉多知道耶穌無罪，但彼拉多想要取悅他人！「彼拉多要叫眾人喜悅，就釋放（盜賊）巴拉巴給他們。」[12]

從前我老是只想取悅他人，如今我已重生。請容我分享幾個心得。

愚人的辱罵其實可能是讚美，而愚人的讚美反倒是辱罵。追本溯源，彼拉多怕的是那些不講理的人，也就是激進的法利賽領袖，所以屈服於現場熱門的主題標籤：「把祂釘上十字架！」[13]

我給大家的建議是什麼？「你應該冒犯法利賽人！」耶穌經常刻意這樣做。祂本可以在一周的任何一天治病，但偏偏選擇了安息日。為什麼？這是一石二鳥之計！醫治生來瞎眼的人，同時挑戰法利賽人的自以為是。[14]

有句箴言多年來一直困擾著我，因為看起來很矛盾。《箴言》第二十六章第四節說：「不要照愚昧人的愚妄話回答他。」下一句是：「恐怕你與他一樣。」到底該怎麼做？回答或不要回答？我不想洩漏答案，但如果你面對的是愚昧人，就是雙輸的局面。你回答也錯，不回答也錯。你可以永遠取悅某些人，或偶爾取悅所有人，但不可能永遠取悅所有人。

就算是摩西也一樣，當初他從西奈山下來，帶著上帝所寫的石板，還是遭遇眾人的反對。這就是「創新擴散」的鐘形曲線。每當有新觀念或技術出現時，只有百分之十六的人在曲線起點，他們是第一批的試用者。這群人真可愛，他們二話不說就跳上遊行隊伍前面的樂隊車。也有百分之十六的人在末端，他們是落後者。[15]這群人通常抗拒變化，讓領導人頭痛。但我漸漸開始欣賞抗拒的人，因為他們有助於改善願景！

面對落後者時，你得說更多次的「請」！他們天生的傾向是說「不」，但無須加以責怪，因為他們的大腦迴路就是如此。不過，基因不該是犬儒主義或懷疑主義的藉口，也不該是缺乏信仰而搬出來的術語。遲來的服從就是不服從，所以我也不會隨意接受那些虛無的人。總之，「請」必須考量對方的個性！

麥克馬努斯（Erwin McManus）牧師幾年前在某次會議上說：「別讓批評的箭刺穿你的心臟，除非箭先穿過《聖經》。」但那句話若能穿過《聖經》，你就需要悔悟。沒有人是完美！沒有穿過《聖經》的批評，就別讓痛苦的種子在你的靈裡生根。反正我們不會聽從那些人的建議，何必馬上就接受他們的批評？

我的建議是：為那雙有釘痕的手給予的掌聲而活！依賴讚美維生的人，將死於批評。十之八九的批評都是懶惰又消極的解決方法，還不如用創作來提出建議！寫更好的書、製作更好的電影、起草更好的法案、創建更好的事業。怎麼做？倚靠聖靈的幫助。

你有什麼資格害怕冒犯別人？擔心得罪人，終將冒犯上帝。但如果你不願冒犯上帝，那也必將觸怒他人。你不能兩者兼得！

你在洗你的手？還是為他人洗腳？

耶穌知道父已將萬有交在他手裡，且知道自己是從神出來的，又要歸到神那裡去，就離席站起來脫了衣服，拿一條手巾束腰。[16]

一旦你理解，你所擁有的一切——時間、才華、寶物——都是來自上帝的餽贈，你就不會擺架子，還能毫無顧慮地去洗別人的腳。為什麼？你知道一切行動都是為了上帝。「請」是放棄自己的權威、承擔責任，也不歸咎他人。於是我們在腰間繫上毛巾，然後為他人洗腳。

渴望佔上風是我們的本性，但那終究會變成無止盡的高人一等遊戲。在人際交往中，你和別人握手的方式透露出許多訊息，比你知道的還多。穩固的握手傳達信心與尊敬；軟弱的握手傳達焦慮和膽怯。我的建議是，堅定地握，同時看著對方的眼睛。還有一個更重要的細節，握手時手掌向下，傳達的是支配；握手時手掌向上，傳達的是屈服。這手勢看似不重要，但就像第一人稱代名詞一樣，包含了很多訊息。「請」是讓別人佔上風，是謙遜的姿態，是將你的喜好放在一邊。「請」是優先賦予對方拒絕的權利，是握手時手掌向上。最棒的是，耶穌說：「作你們的用人。」[17]也許，只是也許，擁有最多權力的人應該說最多的「請」。

記得掃羅嗎？他的不安全感致使他為自己建立紀念碑。洗腳正是完全相反！耶穌完全沒有不安全感！祂知道祂的權威來自上帝，因此允許祂行使謙卑的精神。

耶穌告訴弟子，與其坐在前座、爭取榮耀，不如坐在桌邊最遠的座位。換句話說，握手時手掌向上。即使你有權力隨心所欲，也要常說「請」，勿將萬事萬物視為理所當然。為什麼？你活在借來的時間，呼吸借來的氣息。就連你的才華也是向上帝借的。潛能是祂給你的禮物，你怎麼發揮，就是你回饋給上帝的禮物。

我們在NCC有句話說：以正面的假設填補未知，也就是相信人性本善。每次都有用嗎？當然不是，他人難免會讓你失望。但反正對方不是滿足我們的期望，就是辜負我們的信任。耶穌最懂得發掘他人的潛能，可說是史上第一人。

你如何對待他們？

你賦予對方什麼目標，讓他們去達成？

你賦予對方什麼任務，結果他們辜負了你？

我家有隻近六公斤的可卡貴賓犬，名叫奈拉，可愛極了。牠搖尾巴時，整個身體都在晃動！我出去個五分鐘，牠搖動的樣子就像幾個禮拜沒看到我。你猜怎麼著？那隻狗在我身邊不停轉圈。牠給我的愛如此真誠，令人很難不愛牠！當然，你和他人見面時不用一直轉圈或搖動身體，但我們可以從人類最好的朋友身上學到幾件事情。

「人若知道行善，卻不去行，這就是他的罪了。」[18]更確切來說，是疏忽之罪，而且漏洞百出！別再洗你的手並假裝那是別人的問題。從為他人洗腳開始，看看生命之門是否會應聲打開！「請」不是取悅別人。抓起毛巾為人洗腳需要很大的勇氣，但你的「請」就會發揮巨大的作用！

你正在洗你的責任之手嗎？
還是正擔起洗腳的責任？

第五章
開口前先禱告

謹慎說話是道德問題。
——瑪麗蓮．麥金塔爾，《在謊言文化中小心說話》

瑞士的醫師暨諮商師圖尼埃（Paul Tournier）提到，他有位病人長期價值感低落，而且空虛感會不時出現。諮商過程中，這個病人提到她小時候無意間聽到母親對父親說：「我們大可沒有那個小孩！」[1]這句話在幾年來是難以癒合的傷口，它不僅是不經大腦說出的話，而且更是詛咒。

每個人都有一套自卑的心理劇本：我沒人要，我沒有價值，我不值得被愛。但一句祝福就能夠改寫它。記得，言語創造世界，良善的預言可以翻轉故事的走向！也就是說，我們的話具有漣漪效應。

前美式足球明星布雷特・法弗（Brett Favre）在他的名人堂演講中說了一個從未公開的故事。高中的時候，法弗的父親也是他的教練。某次比賽過後，表現普通的他坐在父親的辦公室外，聽到他對其他教練說：「我可以向你保證。我的兒子會越踢越好。他會證明自己的實力。我知道我兒子有那個本領。」

說布雷特・法弗「越踢越好」，這一點也不為過，畢竟他一路踢進了美式足球名人堂。他說：「我永遠忘不了父親講的那段話。我用整個職業生涯來證明自己。」[2] 每個人都需要有人相信自己，且更甚於我們自己。對法弗來說，沒有放棄他的，是他父親。

無論好壞，你的言語是自我實現的預言。你是在幫人進步或幫人退步？你說的話是否賦予了他人能量？或者都在耗損他人的生命？你的言語是助力，還是阻力？

不知道你的工作是什麼，但我的朋友，你是先知；你的言詞要緊、說的話富有分量，你有能力說生說死。請容我大膽為你找副業：醫生兼先知、教師兼預言家、咖啡師兼算命師、Uber 司機兼命理師。父母也是一樣。透過禱告，平凡的父母就能塑造子女的命運。記得那位預言我生命歷程的牧師嗎？那是我第一次，也是最後一次見到他，但他用幾個字，改變我的人生軌道：「上帝將好好用你。」

希伯來文中，lashon hara代表傷害他人的貶低語言，絕不可說出口或聆聽。這句話在伊甸園中第一次出現，蛇用它來中傷上帝的良善。帶回應許之地負面消息的間諜們也犯了lashon hara。他們詆毀上帝，導致人民失去了信心，而這些負面言論令他們失去了整整一代！

坦白說，比起面對問題，我更擅長抱怨！這簡單多了，不是嗎？說出你的感受當然可以，但是消化情緒和講八卦只在一線之間，只要一越線，就變成了lashon hara。

以色列人在曠野遊蕩時，米利暗和亞倫對摩西感到不悅，「米利暗和亞倫就毀謗他」。[3]上帝聽到了，接著米利暗就得了痲瘋病。是身心失調的緣故嗎？我不知道。但既然言語能創造世界，那內在態度變會影響外在現實。猶太人不得口說lashon hara，也不得聽取lashon hara。為什麼？因為言語具有強大的力量。

有個猶太人的故事：一個女人去找拉比，坦承自己說了關於另一個人的不實言論。拉比派給她兩個任務，第一是拿出枕頭裡的羽毛，在村裡家家戶戶門前放上一根。完成之後，她回去找拉比，問：「第二個任務是什麼？」拉比說：「去家家戶戶門前把羽毛收回來。」女人反對：「但是，拉比，那根本不可能。風已經把羽毛吹遠了。」拉比說：「確實如此。回收羽毛，就和回收你已說出口的惡言一樣，不可能。如此一來，以後妳說話之前，就會牢牢記得此事。」

理所當然，有些話你不應該說！上帝召喚耶利米作祂的先知時，耶利米反對：「我不知怎樣說，因為我是年幼的。」[4]看吧，要找藉口的話，一定找得到！這個工作你做不來、那個任務用不著你。上帝不召喚有資格的人，而是讓被召喚的人變得有資格。

上帝對耶利米下了禁聲令：「你不要說我是年幼的。」[5]為什麼？因為這麼一來，耶利米便是在強化錯誤的陳述！他說的話是lashon hara，也就是違反了上帝的計畫與目的。「我差遣你到誰那裡去，你都要去。我吩咐你說什麼話，你都要說。」[6]

有句莎士比亞時代的話：說話算話（My word is my bond.）。但這個想法可以追溯到更久之前。耶穌說：「你們的話，是，就說是。不是，就說不是。」[7] 換句話說，心口如一。但我們總浪費言語，可不是？或者更糟，老是口是心非！但使用言語應有更高的價值和標準：「因為要憑你的話，定你為義。也要憑你的話，定你有罪。」[8]

法蘭西斯．薛佛說過，如果每個人都被迫帶著錄音機，錄下分分秒秒所有的對話，接著向全世界公開，那我們餘生一定會羞愧地無地自容！[9]

每個人都說過令自己後悔的話，且事後痛揍自己也於事無補！但我還建議你要誠實評量自己說過的話，檢視你的對話成績單所透露的資訊。你常用的詞彙有哪些需要刪除嗎？身體姿勢需要改變嗎？語調呢？小小的修正可以改變你的人生軌道！

我在前言坦白提到，以前我也常使用負面言語，結果成為自我實現的預言。我對自己犯下 lashon hara。如果你老是忍不住對自己說些負面的話，乾脆對自己下禁聲令吧！再提醒一次：

污穢的言語，一句不可出口，只要隨事說造就人的好話，叫聽見的人得益處。[10]

來做個調查，你的言語——
有助和解還是分化？
能鼓勵他人還是打退他人？
有益還是有害？
是祝福還是詛咒？

《聖經》裡頭某些悲傷的話出自以掃。身為長子的他，本來要接受父親的祝福，卻被他的弟弟雅各冒充騙走了這個福份。「父啊，你只有一樣可祝的福麼？」[11]以掃是男人中的男人。他的名字意思是「毛髮濃密的」。他每天大概要刮兩次鬍子！以掃不是感情外露的人，但《聖經》說他放聲而哭。「我父啊，求你也為我祝福。」[12]

受到祝福是人心最深處的渴望。為什麼？這是我們最古老的集體記憶！上帝以祂的形像創造人類後，第一件事就是祝福他們：「上帝就賜福給他們。」[13]最初的祝福出現在最初的罪之前，這樣的順序不是沒有意義的，就像訂下基調、擺好桌面一樣。上帝的預設工作是祝福！祝福是祂最古老的本能。上帝之所以為全能的神，就是在做這件事。

陶恕（A. W. Tozer）牧師說：「上帝會想到的事，就是我們最重要的事。」[14]祂會想到什麼？對你的姿態？臉上的表情？或說話時的語調？

起初，上帝照著祂的形像創造我們。不幸的是，從此之後，我們便照我們的形像創造上帝！這稱為擬人化。我們將自己的傾向與偏見、愛好與瑕疵都往外投射，最後得到一個看起來非常像我們的上帝！那是假的形像，是偶像。

上帝老是皺眉頭？我想那是你投射了你的挫折。如果上帝的眼周有笑紋、朝著你張開雙臂，我想你更接近真理了！聽力好一點的話，我們會聽到天上的父因我們的喜樂而歡呼。[15]聽力超強的人還能聽到祂說：「這是我的愛子，我所喜悅的。」[16]當然祂也會疼女兒！

「請」是謙卑，是做人最首要的姿態，不將任何事情視為理所當然，當成是自己應得的權利。重視他人，就能創造尊榮、尊重的文化。「請」不是針鋒相對，而是傳遞和平。

進他家裡去，要請他的安。那家若配得平安，你們所求的平安，就必臨到那家。若不配得，你們所求的平安仍歸你們。[17]

這是耶穌派遣門徒去傳教時所給的指引，我再次強調，順序很重要。多數的人都反其道而行，祝福前先來個道德計算，看看這個人值不值得。耶穌完全相反，祂率先祝福眾人，且召喚我們跟著做。

電腦程式會有自動執行與預設的功能。身為耶穌的追隨者，〈山上寶訓〉是我們的作業系統，而祝福是我們的預設功能！記得那六個違反直覺的教導嗎？值得再次強調！愛仇敵、為迫害我們的人禱告、祝福咒詛我們的人、把另一邊的臉也轉過來、付出額外的努力以及奉獻僅有的家當。

這些和「請」有什麼關係?比表面看到的還要複雜!我們不推銷自己的意見或理念,甚至不推銷自己。「請」是以他人為優先。我們的目標是提升他人的價值,而且就從祝福開始!

「請」是將你的自我放在門外。

「請」是以正面的假設填補未知。

「請」是欣賞別人正確的行為。

「請」是在別人背後稱讚他們。

「請」是永遠愛著每個人。[18]

「祝福」的希伯來文是barak,意思是「以卓越的話語說話」。記得那個打開自己的罐子、幫耶穌塗抹香膏的婦人嗎?宗教領袖斥責她與耶穌:「這人若是先知,必知道摸他的是誰,是個怎樣的女人,乃是個罪人。」[19]那些偏激的法利賽人老是在損毀人。為什麼?他們聚焦在做錯的事,只看見眼前的問題!平凡人只看見問題,但真正的先知能看見潛能，而沒有人比耶穌更有慧眼。耶穌以賦予能量、改變生命的話語抵銷眾人的批評：「普天之下，無論在什麼地方傳這福音，也要述說這女人所作的以為記念。」[20]不難想像，這些字句在她的人生中多有力量、多麼激勵她的心靈！這些是足以當成墓誌銘的句子！耶穌用預言祝福她，且在你閱讀這些字句時再次實現！請容我提問，你生命中最響亮的聲音是什麼？是你的內在批評？憤世嫉俗的評論？敵人譴責的聲音？或者，是聖靈寧靜輕柔的聲音？

你聽誰的聲音，就會變成誰！商業顧問蘿莉・白・瓊斯（Laurie Beth Jones）認為，人生至少有百分之四十是受到預言所影響。[21]無論好壞，他人的評論深刻塑造了我們的生活。既然如此，那何不由上帝來定奪？何不讓上帝先說？

正因如此，我才設定了每日讀經計畫，讓上帝對世人的承諾來促發我的心靈。我需要依靠上帝的良善、悅納和旨意，以覆蓋來自社群和新聞媒體的負面報導。《聖經》是神聖的經文，這不是在說文解字，當中真的充滿了神的道理和大能。

我有個朋友，莫名其妙遭到恐慌症侵襲，他從未有過那樣的經驗，也不知道該怎麼做。就在這個時候，他拿起法茲（Randy Frazee）牧師的書《祂偉大的能力》（*His Mighty Strength*）。他才發現，牧師十幾年前遇的困難和自己的問題類似。牧師當時處於不理性的焦慮中，老覺得孩子會出事。幸好有解藥，諮商師給了他一卷《聖經》朗讀錄音帶，法茲每兩天聽一次，每次三十分鐘。後來他總算克服焦慮。他的諮商師說：「大部分的治療師稱此為神經語言程式學，但我稱之為聖經冥想。」[22]《詩篇》也說：「我將你的話藏在心裡，免得我得罪你。」[23]

如果你的心理需要某些調整，《詩篇》是相當不錯的處方。固定吸收神的話語，就能覆蓋有礙成功的負面言論。讀了法茲的書後，我的朋友也做了類似的事。他請他七十多歲的父母錄下朗讀《聖經》的聲音，到現在睡前還會聽。我的朋友四十幾歲，但《聖經》作為床邊故事永遠不嫌老！

凡神所造的物，都是好的。若感謝著領受，就沒有一樣可棄的。都因神的道和人的祈求，成為聖潔了。[24]

我們因為兩樣東西成聖：神的道、禱告；禱告能夠淨化我們的動機，聖潔我們的期待。凡事說出口前先禱告，包括「請」！沒有什麼比虔誠的「請」具有更大的力量。

請求越大，越需要禱告！禱告會產生勇敢的謙遜或謙遜的勇敢——任君挑選！「請」將產生巨大的作用，因為它也會傳給上帝。

同樣的道理，神的道也能令我們成聖。為什麼？那是有活力和生命力的！你閱讀《聖經》，《聖經》也閱讀你；它穿透靈魂，透露你的心思和態度。[25]

《聖經》都是神所默示的，於教訓、督責、使人歸正、教導人學義，都是有益的。[26]

聖靈是問題的兩面；祂啟發《聖經》原作者，但也激發身為讀者的我們；讀經時，就像正在呼吸聖靈數千年前的氣息！

我讀過數千本書，但《聖經》本身自成一格。上帝「留意保守祂的話，使得成就」。[27]祂的話「絕不徒然返回」。[28]我的《聖經》裡有一張書籤，寫著「任何隔絕我與《聖經》的，無論看起來多麼無害，都是我的敵人」。

有些話你不應該說，有些話應該多說。「可見信道是從聽道來的，聽道是從基督的話來的。」[29]口說的話富有力量，尤其是信仰的宣言。

你若口裡認耶穌為主，心裡信神叫祂從死裡復活，就必得救。[30]

你是否已經懺悔你的罪？

你是否已經宣告你的信仰？

何不此時此地，就這麼做？

第2篇

「對不起」的科學

Sorry

二〇〇二年，行為經濟學家丹尼爾・康納曼因相關的開創性研究而獲頒諾貝爾獎。在他寫給諾貝爾委員會的接受函中，詳細描述了啟發他的重要時刻。一九四二年，康納曼家住在德國佔領的法國。身為猶太人，他們必須在衣服外面戴上六角星。對八歲的康納曼而言，六角星的污名帶給他莫大恥辱。他會提早半小時出門上學，以免被其他學生看見。

某天晚上，過了宵禁時間，康納曼還在外面，此時他遇到納粹武裝親衛隊的軍人。他出於害怕而加快腳步，但軍人還是將他攔下。那個軍人做了一件康納曼不明就裡的事，而且改變他的人生軌道：他打開錢包，給康納曼看他兒子的照片，並給他一些錢。

英國作家葛拉罕・葛林（Graham Greene）說：「童年總有某個時刻——大門打開，未來進去。」[1] 對康納曼而言，當時就是那個時刻。他說：「我平安回到家。此後我更加確定，我母親說得對：人總是複雜而且有趣。」[2]

你怎麼看待人？

如果你認為人不有趣，就會粗魯對待他們，貶抑再貶低、利用再利用。你會把他們當作達成目的的墊腳石或工具。此外，你會很難寬恕別人，也不容易得到他人的寬恕。

如果你看待人「總是複雜且有趣」，就會尊敬他們，把他們當成無可取代的無價之寶。當然，你必須跨越對他們的第一印象，並培養神聖的好奇心，多多發問。

你知道嗎？小孩子每天平均會問一百二十五個問題，但大人每天問六個問題！從兒童變成大人後，我們每天失去了一百一十九個問題。[3]如何重新找回童年時單純的好奇心？答案是，在每次互動時，採取學習的姿態。詩人愛默生說：「每個我遇到的人，某方面來說都高我一等，因此我可以向他學習。」[4]你永遠不會遇到無法向他學習的人。想增長智慧的話，就必須多聽少說（我知道這很不容易）。

一般人每天都花上百分之九十五的時間想著自己。[5]所以我們專注在他人身上的時間和精神只剩百分之五！可不可以至少增加兩倍？如果我們投入百分之十的時間向他人學習，那會如何？錢可以輕易分成十份，但時間無法；如果我們花雙倍的時間關心他人，那快樂應該會雙倍！畢竟只顧自己是沒什麼樂趣的。

把心力全專注在自己的身上，問題便會放大；若想解決，有個好方法，就是服務他人！乍聽之下，兩者似乎沒有因果關係，但服務他人時，就能用實際的角度來看待自己的問題。愛默生說：「真心幫助別人的人必定也在幫助自己。」[6]

二十年來，教會的兄弟姊妹都為無家可歸的朋友準備午餐。這份愛不是很豪華，但耶穌說，以祂的名給眾人一杯水喝是重要的事。[7]雖然這麼做是為了幫助朋友，但是，我們自己才是獲益最多的人。這是發自內心地提醒自己：有地方遮風避雨，有食物擺在桌上，我是有福之人。

有個現象稱為「認知不對稱錯覺」，這是種認知偏差，認為我們比別人更瞭解他們自己，所以總是以貌取人、評斷他人。我有個朋友叫做史庫比，他住在華盛頓特區的街上好多年。他說：「大家常拿一些小事來編故事。」說三道四比將心比心簡單多了！

事實是：人人都在打一場外人不知道的戰爭。每當某人說了或做了傷害我的事，我便試著想起那句話：受傷的人會傷害別人。那不能成為壞行為的藉口，但確實可以讓我們務實地思考彼此做過的事。因此，我也會學習耶穌的態度：「父啊，赦免他們。因為他們所作的，他們不曉得。」[8]

二〇二一年，藝術家費斯登伯格（Suzanne Firstenberg）接受委託，在「國家廣場」製作藝術裝置。他們在華盛頓紀念碑附近插了六十九萬五千面旗幟，紀念死於新冠肺炎的人。另一位攝影師史蒂芬·威爾克斯（Stephen Wilkes）為這個藝術裝置拍了一張照片，但那不是普通的照片。事實上，威爾克斯將四千八百八十二張照片合成為一張，收錄到他《白天到黑夜》（*Day to Night*）的系列中。如果你沒看過，值得谷歌一下。

威爾克斯必須找到正確的攝影位置：夠高，才能鳥瞰全景；夠低，才能捕捉人物的身體語言和情緒。威爾克斯在十三公尺高的地方架設攝影機，以捕捉藝術裝置佔地八公頃的廣大規模。他以「非裔美籍歷史與文化博物館」（NMAAHC）為焦點，這樣便能看到太陽從它上方升起。除了整體畫面外，他還捕捉到一些「小時刻、小故事」。最終的合成照片就變成了全景視圖。[9]

遇到陌生或不熟的人，就像看到快照；若不小心，就會以貌取人。「對不起」比較像合成照片，能捕捉小地方的細微差別處，但也會呈現出整體圖像的脈絡。

我要說的是，你遇到的每個人都是一張合成照片，是防禦機制和適應策略的複雜組合。最常見的策略是什麼？都在戰鬥或逃跑、攻擊或撤退兩邊擺盪。當然有更好的方式，就是耶穌之道，從帶有同理心的「對不起」開始。有了這顆心，就不會傷透上帝的心。

卡內基說：「你這輩子遇到的人，四分之三都在渴望同情。給吧！他們就會愛你。」[10]人們總想要感覺被看見、被聽見和被理解。

一項有趣的研究顯示，愛讀小說的人較少偏見、較多同理。[11]為什麼？背後的道理是，他們因此更懂得設身處地思考，以增加同理、拓展想像力。當然，聆聽別人分享他們的故事也有一樣的效果。

為了對抗法西斯主義，知名的英國作家喬治·歐威爾去參加西班牙內戰。某天，歐威爾看到一個敵軍，對方高舉自己的褲子飛奔穿過戰場，而歐威爾沒有對他開槍。為什麼？歐威爾說：「我沒開槍，是因為那條褲子。我來這裡是要殺了『法西斯主義者』，但高舉褲子的男人顯然變回了人類的一員，像你我一樣，所以我不會想要開槍。」[12]

英國哲學家格洛佛（Jonathan Glover）在其著作《人性》（*Humanity*）中提到同情心爆發的情況。[13]即使在戰爭中，也有超越衝突的慈悲之舉；敵對雙方在眼神交會中，放下肉搏的戰鬥，找回心與心的連結。那正是一個簡單的「對不起」可以做到的，無論言語或眼淚，都可以擊潰怨恨的大壩。

同樣的，受傷的人會傷害別人。他們不去處理自己的傷痛，而是壓抑內心，就像將飽滿的沙灘球按在水面底下。那些感受遲早會浮現，而且通常是在不適當的時機。因此，我們可以把憂慮拋給上帝。懺悔能釋放情緒——放手，並讓上帝寬恕我們；接著寬恕他人，以回饋這個恩惠。

事實是，被寬恕的人會寬恕別人，乃是到七十個七次。[14]我們就是如此回報被寬恕的恩惠。我們向他人展現上帝驚人的恩典，且因為寬恕他人而得到自由。史密德斯（Lewis Smedes）牧師說：「寬恕時，我們釋放了一名囚犯，也就是我們自己。」[15]

不過，沒有同理心、毫無感情、空洞的道歉會有反效果，它會傳達出混亂的訊息。你要先想想，是不是真的感到遺憾？並願意真心認錯！

某一季的生活與事奉特別忙碌，身為牧師的壓力大得我喘不過氣，以致幾件重要的事出了差錯。坦白說，我當時忙到沒空處理家庭問題，因此深深傷了蘿拉的心。許多年後，某天禱告的時候，聖靈現起那個時刻、那段記憶，而眼中帶淚的蘿拉說：「我原諒你。」蘿拉必須說出口，而我必須聽見。我犯過的錯依然不變，但那一句話帶來巨大的療癒效果。而且，也令我重新燃起決心。

第六章

眼淚的意義

超越自我，生活會較簡單、較輕鬆。

——商業顧問湯姆．拉斯（Tom Rath），《不是關於你》（*It's Not About You*）

一五四三年，博學的波蘭人哥白尼發表著作，證明了太陽是太陽系的中心。在那之前，世人普遍認為，宇宙的一切圍繞地球運行。但哥白尼的日心說將世界上下顛倒、裡外交換。事實上，每個人都需要來一場哥白尼革命。為什麼？我們太過自我中心。

我們還是嬰兒的時候，父母餵我們吃飯，幫我們拍嗝、換尿布。世界圍繞我們運行，對吧？起初倒是無妨。但是等到十七歲、三十七歲、七十七歲，你還當世界繞著你運行的話，就需要來一場哥白尼革命。面對真相吧！不是凡事都關於你。越快發現這個事實，就會越快樂、越健康、越聖潔。

想對抗天生的自私，婚姻是效果最好的方式。結婚不光是追求幸福，還是項神聖的任務，因為我們要對不完美的人許下無條件的承諾。你們發誓，無論是順境或逆境、富有或貧窮、健康或疾病，都會深愛對方；並且開始將代名詞從「我」改成「我們」。

如果婚姻還沒瓦解我們的自私，上帝就會賜給我們小孩！有趣的事實：尿布（diaper）反過來拼是報答（repaid）。「手抱孩兒時，才知父母恩。」對吧？父母做的犧牲（例如半夜起床餵你）比你知道的更多。

這些和「對不起」有什麼關係？

婚姻是道歉藝術的進階班，說不定你也會越來越上手，因為婚姻生活都在做這件事！養育子女也是，向小孩說對不起的機會沒完沒了，但那可能是另一種形式的祝福。我們會因為自己犯下的錯自責，但犯錯也是絕佳的機會。如果我們不當孩子的榜樣，他們又怎麼學會道歉呢？

如果你只顧自己，便會把他人當成想要逃避的阻礙，或必須忍耐的不便。你會利用他們達成目的。就歷史上來看，人類有個壞習慣：物化他人，擬人化物體。

記得第一章提到的研究嗎？睪酮素上升，使用社會代名詞（我們、他們）的頻率就會下降。為什麼？我們變得只注重目的，而不是關係。我們把一切變成競爭，而不想著雙贏；那是零和的賽局，但是最後沒人真的勝出。

請容我告訴你一個小秘密：自私的人不說抱歉。為什麼？他們還沒學會設身處地為人著想；不像耶穌為他人洗腳，而像彼拉多只洗自己的手。他們逃避責任、轉移過錯、扮演受害者甚至還扮演上帝。

除了自我中心，我們還受到自我意識所困擾。在我看來，不健康的自我意識是原罪的副產品。在墮落之前，亞當和夏娃是赤裸的，不知道羞恥。原罪之後，內建程式就多了羞恥感。他們受到自我意識的糾纏，以致躲藏起來，迴避上帝和彼此。從那時起，我們就一直在玩捉迷藏！在成聖過程中，我們得克服自我意識，該怎麼做？就是多多認識上帝、瞭解他人。

讓我再說一次康納曼的故事。記得他母親教他的一課嗎？「人總是複雜而且有趣。」所見並非所得，停止以貌取人！值得再次重複：人人都在打一場外人不知道的內在戰爭。我們太快下結論，尤其是負面的評語；如果某人惹我們生氣，我們就否定他們。我不是在為不好的行為開脫，但有沒有可能，他們那天過得並不如意？

我喜歡把人想成一盒兩萬八千一百二十四片的拼圖。那是人類生命的平均天數。[1]每一個人都是各種經驗和影響獨一無二的組合。在《最後14堂星期二的課》當中，莫瑞．史瓦茲教授說：「我是每個年齡的我組成的，直到他人看見的當下。」[2]

你最早的記憶是什麼？

誰在你的靈魂留下指紋？

童年時期有無某個時刻：大門打開，未來進去？

你最後悔的事情是什麼？

你最大的成就是什麼？

你人生關鍵的時刻是什麼？

關鍵的決定又是什麼？

這些問題的答案每個人都不同，而且這些只是冰山的一角。它們是你與這個星球其他人的區別，是專屬於你的個人歷史。如果我們花時間聆聽別人的幕後故事，心中將充滿更多對別人的慈悲，甚至可能看見某些未開發的潛能。

每一個人都是適應策略複雜的組合。多數的人傾向在兩個策略中擇一：侵略或後退。我們要不攻擊，要不撤退，但是有更好的方式，就是耶穌的方式，而且從「對不起」開始。這聽起來像在揮舞白旗，其實相反，你是爬出壕溝、走向火線，勇敢面對敵人。說「對不起」要比其他舉動用上更多的勇氣！

「對不起」是關於「我們」，它能修補破裂的關係、連接分化的橋樑且公平對待彼此。不過，這個舉動必須通過兩層立見分曉的檢驗辦法：具體及誠懇。

為了終止爭論，人們常不自覺地說出「對不起」，即使自己並不知道是為了什麼道歉。我也是！有時，蘿拉會拆穿我的偽裝，問我在道歉什麼，但我完全不知道！

我只是想結束吵架。老實說，這就是空洞的道歉。為什麼？如果你不知道自己為了什麼道歉，那未來還會再犯。這就是「具體」原則。

「主啊，請寬恕所有我犯的錯。」

上帝願意嗎？當然可以，但憑這種三心二意的道歉，若你沒感受到寬恕也不用意外！含糊的懺悔會得到含糊的寬恕。

許多年前，我受邀到德國維滕貝格參加領袖聚會。那裡就是牧師馬丁・路德在城堡教堂門上釘上九十五條論綱的地方。在前往那裡的路上，我讀了路德的傳記，發現他每次告解，都會花上六個小時。我想不起來自己哪次花上超過六分鐘！路德說：

> **為了得到赦免，必須坦白每個罪行。因此，必須仔細檢查靈魂、翻遍記憶，深入探討動機。**[3]

我不是建議大家要緊抓著過去的錯誤不放，但是也許可以多加檢查、翻找、深入探索緣由！含糊的懺悔會得到含糊的寬恕，細緻的懺悔會得到細緻的寬恕。不尋找根本原因的話，就會一再懺悔相同的問題。

《耶利米哀歌》的作者說，上帝的憐憫「每早晨這都是新的」。[4]希伯來文的「新」是hadas，還有「再次」的意思，此內涵很驚奇吧？「新」意謂「不同」、「從未經驗」。今日的憐憫和昨日的憐憫不同！就像雪花，上帝的憐憫從未以同樣的方式結晶兩次。每個同情之舉都是獨一無二的。

想像一個古老的歐洲城市，街上鋪著大卵石，許多店鋪都經歷風霜。有家老店門口掛著一面招牌：憐憫小鋪。門上沒有鎖，因為從未打烊；沒有收銀機，因為憐憫免費。你上門光顧時，老闆會測量你的身形，然後消失到後面。好消息是，他為你量身訂做！憐憫永不缺貨、永不過時！離開時，憐憫小鋪的老闆微笑並眨眼，對你說：「謝謝光臨！明天見！」

為你的罪、你的處境量身訂做的憐憫，就像手套一樣貼合！但你必須願意向這位裁縫展露你的身形。恩典也像訂做般合身，但與憐憫不同；憐憫是不用承受應有的懲罰；恩典是得到不應得的美好。

還有另一個重要的區別：向上帝懺悔我們的罪，以求寬恕；向彼此懺悔我們的罪，以求醫治：

所以你們要彼此認罪，互相代求，使你們可以得醫治。[5]

身為牧師，我聽過很多懺悔，某些故事令我非常吃驚。但老實說，我由衷尊敬懺悔的人。為什麼？我不是為了那些罪行而震驚，而是他們所鼓起的勇氣。而且一旦說出口，敵人就再也不能威脅你。那就是你突破心防的時間和方法！

除了具體，懺悔還需通過「誠懇」測試。出於錯誤的理由，無論做的事情有多正確，在上帝的國度也不算數。上帝會評斷我們內心的動機。

心理學有種治療稱為暴露療法：與其躲避我們害怕的東西，不如在安全的環境中，以安全的方式接觸。目標在於，面對內心的恐懼，並建立心理的免疫力。我擅自變通了一下，把展現脆弱當成一種暴露療法；也就是說，不隱藏自己的不完美，如實分享傷痛、壞習慣和困境。這看起來像在下一盤險棋，但若你透露脆弱的一面，上帝就能開始醫治。根據我的經驗，比起表現權威的一面，人們對於脆弱的回應更正面！

道歉要有效，唯有發自內心。確認動機：你的懺悔是為了移開胸口的大石、減輕罪惡感，或是為了修復關係？你是否考慮到對方的福祉？從我的經驗來看，不誠懇的道歉反而會惡化彼此的嫌隙。因此，你必須心口如一。誠心的「對不起」可以移動山大的傷痛、羞恥、懊悔，可以滾去四十年的羞辱[6]，可以「補還蝗蟲所喫的」[7]，甚至可以拯救一個國家。

在《出埃及記》中，法老的女兒是無名英雄。她去尼羅河洗澡，結果發現一個箱子裡有個孩子，那是摩西的生母放的。法老的女兒便把這個希伯來人帶回養大。

她打開箱子看見那孩子，孩子哭了，她就可憐他。[8]

你發現了嗎？她可憐他。

她的父親下令屠殺希伯來人的嬰兒，所以她冒著生命危險拯救摩西。家人犯下了種族屠殺的罪，而救那個嬰兒是她的道歉方式。由此可以確定：「對不起」拯救一個生命、拯救一個國家。而且記好了——這一切從眼淚開始！

在《聖經》的宏大敘事中，最動人的部分是什麼？引爆點是什麼？轉捩點是什麼？有些人說是奇蹟，這確實很難辯駁；有些人說是耶穌的教導與福音。但我認為關鍵的事件少不了眼淚！

與兄弟分開二十年後團圓時，約瑟哭了。[9] 遭到自己的兄弟雅各背叛時，以掃哭了。[10] 彼得在眾人面前不認耶穌，而祂也痛哭。[11] 耶穌去好友拉撒路的墳墓時，又怎麼了？

這是《聖經》中最短的一句經文，卻最響亮：「耶穌哭了。」[12]

眼淚代表不同事物，從懺悔到懊悔，而在耶穌身上，是神聖的同理心。

眼淚是液狀的同理心。

眼淚是液狀的禱告。

一九〇〇年代初期，凱特與瑪麗．傑克森（Kate and Mary Jackson）試著在里茲市建立慈善組織「救世軍」，但似乎行不通。眼看毫無進展，失望又灰心的她們寫信給救世軍的創辦人卜威廉（William Booth），請求更改地點。卜威廉回給她們的電報只有四個字：「試試眼淚」。[13]傑克森姊妹開始帶著眼淚辛勤努力，里茲的救世軍便逐漸壯大。

科瑞．羅素（Corey Russell）牧師說：「眼淚是禮物，它讓我們得以發自內心向外界透露，自己的確無能改變任何事情。」[14]羅素是在說，我們無能改變過去；這聽起來令人氣餒，但其實是解脫！你不能改變做過的事，就是如此。你能做的只有放下，讓上帝寬恕你。眼淚是過程，如果你尚未為那件事情哭泣，那大概還沒開始哀悼。你的眼淚是上帝的禮物。羅素說：「眼淚本身即是語言，甚至超越語言，是靈魂的表現。」[15]就像基列的乳香，眼淚具有治療與舒緩的能力。

沒有什麼，像眼淚那樣能真心道歉。

沒有什麼，像眼淚那樣令人們和好。

沒有什麼，像眼淚那樣感動上帝。

試試眼淚！

第七章

第五祈求：寬恕是奇蹟

真正的聖人燃燒恩典，就像七四七飛行時所耗費的油量。

——哲學家威拉德（Dallas Willard），《大疏忽》（*The Great Omission*）

最近我和某個影響我人生甚深的人吃飯。肯德爾（R. T. Kendall）在倫敦的西敏禮拜堂（Westminster Chapel）擔任牧師二十五年，個人著作超過五十本。我很難選出一本最喜歡的，《完全的寬恕》（*Total Forgiveness*）更是顛覆了我的思維。副標題道盡一切：當你心裡只想埋怨、指責，只想記住痛苦，這時上帝希望你全部放下。

說得容易，對吧？

在倫敦擔任牧師期間，肯德爾因為某些事情受到冒犯。由於無法寬恕，痛苦的種子在他的心中生長；他抓著怨恨，宛如緊握著拳頭。終於，他向朋友訴苦，希望得到一點同情。出乎意料的是，他的朋友仁慈又清醒地指責他說：「你必須完全寬恕他們。」肯德爾反對：「我做不到。」他的朋友不讓他逃避：「你可以，而且必須這麼做。」那是肯德爾做過最困難的事，但是他的朋友是對的：「放過他們，就是放過自己。」[1]

你的心中有任何無法寬恕的事嗎？

痛苦的種子已經生根了嗎？

你抓著怨恨嗎？

你受到冒犯嗎？

這些問題可能會引發你的創傷回憶，因此以下的話，我抱著極大的同理心說：你必須完全寬恕。他人說過的話、已做的事，我都可以想起。但不寬恕就像喝下老鼠藥，你以為會殺掉老鼠，但傷害的只有自己，所以你必須為了自己而寬恕。

繼續討論前，我先說明寬恕不是什麼：這不是為不良行為辯解、不是合理化不公不義、也不是赦免某人做過的事。這些都超越我們的本分，因為只有上帝能做。寬恕不是視而不見，或蒙受某人犯下的罪。如果你發現自己處於受虐或危險的情況，你應該（上帝也應允）逃出。如果某人犯罪，就會體驗到上帝的恩典，但這並不代表他們不會承受行為所引發的後果。寬恕消除罪的「債務」，但不消除罪的「後果」。

說到寬恕，主禱文是我們的入門書，在當中的第五祈求，耶穌說：「免我們的債，如同我們免了人的債。」[2]大家都知道，要原諒債主，說比做容易！接著耶穌又強調：「你們饒恕人的過犯，你們的天父也必饒恕你們的過犯。」[3]

天上的上帝給予我們的寬恕，取決於我們對地表其他人的寬恕。換句話說，寬恕是義務，但不代表我們要變成別人的沙袋，訂定健康的人際界線還是必要的。被寬恕的人會寬恕別人。耶穌設下我們的行為標準。當祂被釘在十字架上，承受巨大疼痛時，祂也是寬恕將祂釘在那裡的人：「父啊，赦免他們。因為他們所作的，他們不曉得。」[4]

彼得問耶穌，他應該寬恕幾次，耶穌說：「七十個七次。」[5]彼得聽了，必定連下巴都掉了。他以為自己寬恕七次就算仁慈呢！耶穌提高要求，接著說了一個故事：以前，有個主人免除了底下僕人一萬「塔冷通」的債務。

一塔冷通價值六十麥納，一麥納是三個月的工資；所以一塔冷通相當一百八十個月的工資。那是十五年的薪水啊！一萬塔冷通的債務總計是十五萬年的薪水。這個人欠的債要用兩千三百二十二個人生才能還完。這讓我想到一首老歌：「他還了沒欠的債；我欠了還不了的債。」這個計算結果令我們更加感激基督在十字架上做的事！

釘在十字架上的時候，耶穌說：「成了。」[6]中文翻譯為兩個字，但在希臘文只有一個詞：tetelestai。考古學家發現，古代的收據都會寫上那個詞。以會計的術語來說，意思是「付清」。上十字架就是罪的分期付款的最後一期，而我們一萬塔冷通的債務已有人幫我們付清了。

神使那無罪的，替我們成為罪。好叫我們在祂裡面成為神的義。[7]

上帝彷彿在說：「這裡有筆交易。你把做錯的事、你所有的罪都轉到我的帳戶。我會把所有耶穌做對的事、祂的義都轉到你的帳戶。這樣就一筆勾消了。」這世上沒有更好的交易了，所以我們才說是好消息。

如果你在基督裡，你就稱義——彷彿你從未有罪。讓我描繪更生動的圖像來說明。還記得嗎？馬勒古率眾來捉拿耶穌，所以彼得拔刀削掉馬勒古的右耳。[8] 彼得這下麻煩大了！出手傷人還想悠哉度日？更別說那人是大祭司的僕人。嚴重的話，彼得會因蓄意殺人而遭到起訴；僥倖的話，他只會被控攻擊他人和攜帶凶器。無論是哪種罪名，他最終都可能被釘在十字架上，就擺在耶穌旁邊。

那時耶穌做了什麼？祂治療前來逮捕祂的人！[9] 祂接回馬勒古被削掉的耳朵，看起來就像新的一樣！而且這個行為有更大的意義，正如迪克・福特的說法：「耶穌會摧毀不利於我們的證據。」

想像一下，馬勒古在法庭上控訴說：「彼得削掉我的耳朵。」法官問：「哪一隻耳朵？」馬勒古說：「右耳。」法官請他走向前來好看個仔細。法官說：「耳朵看來完好如初。結案。」本案因證據不足不予起訴！這不只是彼得和馬勒古的故事，也是你我的故事。耶穌走到十字架，摧毀不利我們的證據！

一般人不認為寬恕是奇蹟，但確實就是。耶穌將水變成酒。[10]祂在海面上走[11]；還在視神經和視覺皮層之間安裝突觸通路，從腦部治療盲人。[12]祂甚至讓死去四天的人復活。[13]而耶穌寬恕的舉動，就和那些奇蹟一樣令人驚奇，甚至有過之而無不及。依我拙見，這是福音當中最大的奇蹟。

肯德爾說：「若能真心且全然寬恕，就已踏入超自然的領域，且如同成就奇蹟般的事。」[14]

寬恕是奇蹟。讓我來稍微改個說法：一般人無法體驗到奇蹟，正是由於「不寬恕」。這兩件事情看似無關，所以我來連結看看。記得耶穌回到拿撒勒的事？當地人不但沒有盛大歡迎這個令人歡喜的兒子，反而「厭棄」祂。結果呢？祂「就在那裡不多行異能了」。[15]當你厭棄世人，不再保持積極，你的防禦機制便會啟動。你開始不計代價保護自尊，把許多事情變成零和賽局，結果沒有人是真正的贏家。因此，想體驗奇蹟的話，必須學會寬恕。

心理學家蜜雪兒・納爾森（Michele Killough Nelson）區分了三個程度的寬恕。第一種是冷漠的寬恕（detached forgiveness），是對冒犯者減少負面情緒，但沒有與之和解。第二種是有限的寬恕（limited forgiveness），是對冒犯者減少負面情緒，而且修補部分的關係，但彼此間的情感強度降低。第三種是完全寬恕（full forgiveness），是對冒犯者的負面情緒完全停止，而且關係完全修復。[16]

和解是條雙向道。你不能控制另一個人，也不能掌控每件事的結果。請不要嘗試承擔一切！你能控制的只有你自己，而且那就是個大難題了。寬恕和道歉，我不確定哪個比較困難，可能得丟硬幣決定。我的建議是：先跨出第一步，遞上象徵和平的橄欖枝。

所以你在祭壇上獻禮物的時候，若想起弟兄向你懷怨，就把禮物留在壇前，先去同弟兄和好，然後來獻禮物。[17]

讓我試著補充這個誡命的脈絡。「祭壇」在耶路撒冷的神廟裡。耶穌在〈山上寶訓〉中給了這個建議，而講道的地點是在加利利海的北岸。那又怎樣？呃，祂的聽眾不太可能傳簡訊道歉。祭壇距離祂講道的地方，烏鴉要飛一百一十五公里；走路均速每小時五公里的話，要花二十四小時，宛如去參加艱困的巴克利馬拉松（Barkley Marathons）。我的重點是，真誠的道歉和真心的寬恕並不容易給予，但這是珍貴的體驗。

你需要寬恕什麼人嗎？

你需要懺悔什麼事嗎？

你還在等什麼？

第八章

你值得擁有第二次機會，別人也是

就算碰上最慘的日子，也不會糟到連上帝的恩典都觸碰不到。而遇到最好的日子，也沒有好到不需要一丁點上帝的恩典。基督徒每天的體驗，都該是在上帝的恩典基礎與祂的連結上。

——作家布里奇（Jerry Bridges），《恩典的修養》（*The Discipline of Grace*）

史蒂芬．科維在他雋永的著作《與成功有約：高效能人士的七個習慣》說了一個故事。某個週日上午，他在紐約市搭乘地鐵。人們靜靜做著自己的事，此時一個父親帶著孩子們進入車廂。孩子們彼此大聲講話、亂丟東西，但這位父親閉著雙眼、不以為意。按捺不住的科維，轉向那個父親說：「先生，您的孩子打擾到許多人。能否請您更加約束他們？」

這時才意識到情況的父親回答：「您說得對。我想我該管管他們。」接著又說：「我們剛從醫院出來，他們的母親一小時前過世。我不知道該怎麼辦，我想他們也不知道怎麼接受。」[1]

這個時候，科維的怒氣消散，取而代之的是同理心。他內心經歷了「典範轉移」，這個詞來自哲學家孔恩（Thomas Kuhn）的經典鉅作《科學革命的結構》。科學界的每項突破都需切斷傳統，就像有勇氣旋轉萬花筒一樣。花時間去瞭解某人背後的故事，就能看出不同的生命型態，於是你看待那個人的眼光也會不同。科維說：「我的典範轉移了。忽然間，我的眼光不同了；接著我的想法、感受、行為也不同了。我的怒氣消失……我心裡充分感受到那男人的痛苦。一切瞬間改變。」[2]

就像俄羅斯套娃，每個人都有好幾層。如果你動不動就對人品頭論足，他人就不會對你透露自己的隱藏身分或深處的不安。你只會看到他們的偽裝。如果你內心脆弱，不時透露某些你的秘密，其他人也會對你坦白。《脆弱的力量》作者布芮尼‧

布朗是對的：「想要體驗人與人的連結，保持脆弱是必須承擔的風險。」[3] 放下武裝，就能給自己透露真我的自由，這是你給對方最好的禮物。展現徹底的脆弱和神聖的好奇心，就能構成超自然的同理心。

牧師布赫納（Frederick Buechner）在其回憶錄《神聖旅程》（*The Sacred Journey*）寫到，父親自殺影響了他的年幼歲月。你不可能忘記那樣的創傷經驗，但可以克服。布赫納說：「在表面之下，我就是一座家庭墓園。」[4] 遺傳（先天）和表觀遺傳（後天）的因素在意識與潛意識中影響著你。無論好壞，你都是你家族的產物。

在孩提時期，我們就會發展防禦機制來保護自尊，會用適應策略來取得注意。隨著年齡增長，這些策略會變得更細膩。大人也許不會亂發脾氣，但是我們依然受到潛在的希望和恐懼所驅使。

認識新人時，你只知道當下他們的狀態，就像打開書本第一百一十七頁然後開始閱讀。你遇到的是最新版的他們，但他們非常複雜，包含著每個年齡的自我，直到當下！布赫納如此描述在他外表底下的家庭墓園：

我曾經是什麼人，現在都埋在這裡——蹦蹦跳跳的男孩、母親的驕傲；長了痘痘的男孩；耽於酒色；不情願的步兵；黎明時分，從醫院的厚玻璃觀看第一個孩子出生的人。我曾經是這些人，但現在不是，他們的身體也不再是我的身體。雖然我努力回想，可以想起關於他們的片段，但已不記得住在他們的體內是什麼感覺。直到今日，他們依然住在我的體內，埋在我身體裡的某個地方，只要有特定的歌曲、食物、味道、聲響或天氣變化，就會喚起那些鬼魂。我和他們不再相同，但也並非完全不同，因為過去的他們造就現在的我。[5]

內心埋葬的墓園和「對不起」有什麼關係？知悉某人的過去，有助於你將他們放在脈絡中。詮釋學有個簡單法則：缺乏脈絡的文字是藉口。這不僅對《聖經》而言為真，對人也為真！而藉口是偏見，是在所有事實呈現前就下結論。

幾年前，我去找一位專長是家庭系統的治療師諮商。我有某些潛在的憂傷，偶爾會浮現，而我想要解讀這些心情。那次諮商的成果之一，就是我更能欣賞人們的適應策略。我不是在為不正當的行為找藉口，但因此瞭解更多。再次強調，受傷的人會傷害別人，也往往藉由投射自己的傷痛來保護自尊。

當我們受到某些人的防禦機制傷害時，自然的傾向是以牙還牙。那麼，要如何把另一邊的臉也給他打？如何給人第二次機會？就從神聖的好奇心開始。你需要穿著別人的鞋走上一公里，伸展你的同理心肌肉。

詩人朗費羅（Henry Wadsworth Longfellow）說：「我們應該在其他人的人生找到足夠的悲傷和苦難，以化解所有的敵意。」[6]

我有個朋友，最近接待了兩位分屬不同政黨的政府高官。這兩位高官花了七個小時分享彼此生命的故事——七個小時，不是七分鐘！雖然他們對於各種議題的觀點不同，但不代表不能交心。當然，你必須花時間聽對方的故事、問好的問題。多數的人都太忙了，結果導致對抗而非寬恕、貶低而非關心、批評而非同理。我們太輕易放棄別人！

約伯在遇到家破人亡的苦難時，好友以利法、比勒達、瑣法不但不幫忙療傷，還在傷口上灑鹽。有這樣的朋友，還需要敵人嗎？親友生活不順的時候，人們難免會落井下石。但這時，大家更應該團結起來為親友而戰，為他們禱告！

約伯為他的朋友祈禱，耶和華就使約伯從苦境轉回，並且耶和華賜給他的，比他從前所有的加倍。[7]

身邊有人在難過時，你不需要為他們解決問題。事實上，你也解決不了。你能做的是誠心表達遺憾，並贈與眼淚和耳朵作為禮物。給他們第二次機會，就像上帝給過你的。

上帝的愛不是被動的，而是主動的，並不視我們的表現而給予。祂是在表達自己——上帝是愛。你做什麼都不能令上帝多愛你或少愛你一點。為什麼？祂對你的愛完美、獨特又無條件。沒有人更瞭解你，沒有人更愛你。

在我小學四年級的某天，體育課上到一半，校長透過廣播宣布：雷根總統受到槍擊。那天是一九八一年三月三十日。一心想成為刺客的欣克利（John Hinckley, Jr.）在華盛頓希爾頓酒店外近距離朝總統開槍。

一般人聽見槍聲時，自然反應是尋找掩護、保護自己。特勤局的探員所受的訓練恰恰相反。欣克利扣下點二二左輪手槍時，探員麥卡錫（Tim McCarthy）擺出老鷹展翅的姿勢，讓自己成為面積最大的目標。麥卡錫擋下一顆子彈，可說是救了總統一命。

兩千年前，耶穌在十字架上也呈現老鷹展翅的姿勢。祂為你也為我擋下子彈。「惟有基督在我們還作罪人的時候為我們死，神的愛就在此向我們顯明了。」[8]

我們狀態最差的時候，上帝的狀態最好。在我們不期待也不值得被愛的時候，上帝愛我們。祂從不放棄，哪怕是第二、第三、第一百次機會都會再給我們。你也應該效法祂！

第九章

獨門醬汁：寬恕加上真理

上帝愛我們每一個人，彷彿我們是獨一無二的。

——聖奧古斯丁，《懺悔錄》

邁入二十一世紀之際，一座獨特的圖書館在丹麥哥本哈根落成，丹麥語稱為Menneskebiblioteket，意思是「真人圖書館」。在那裡，你不是借出書籍，而是聽某人分享他的故事，他可能耳聾、眼盲、患有自閉症、無家、曾遭性侵，或者患有躁鬱症。真人圖書館的任務是透過對話，打破刻板印象和偏見。當然，你可以多多發問！

我喜歡他們的座右銘：「不要論斷某人。」

說得好！

那不正是耶穌在〈山上寶訓〉中教導的嗎？「你們不要論斷人，免得你們被論斷。」[1]與其看見某人眼中有刺，耶穌要我們想想自己眼中有梁木。[2]饒舌歌手「冰塊酷巴」說：「在你毀了自己之前，最好先確認自己的狀態。」[3]該怎麼做？首先，聆聽的次數是否比說出口多出兩倍。再次強調，這也許這是上帝給我們兩隻耳朵和一張嘴巴的原因。

賽斯諾（Frank Sesno）在其著作《精準提問的力量》中提到：「聰明的問題造就更聰明的人。」[4]這位前CNN主播詳細寫下十一種問題，從咄咄逼人到帶入情感的問法、從診斷狀況到身家調查。當然，最有效的問題（它甚至不算是種問題）是：「多說一點好嗎？」[5]

提出問題的時有三個關鍵要素：

一、開放式問題，答案不光是「是」或「否」。

二、迴聲問題（echo question），請對方就細節多回答幾次。

三、曲球問題（curveball questions），突然轉向，讓對方改變思考架構。[6]

問問題的同時，你必須變得脆弱。這裡有個不錯的經驗法則：質疑別人的罪過之前，先懺悔你自己的。電影《老闆有麻煩》（*Tommy Boy*）的主角湯米便說：「讓我告訴你我有多慘。」[7]你得讓彼此平起平坐。還需要建議嗎？批評之前請先讚美！根據正向心理學中的「羅沙達比例」（Losada ratio），每個批評需要二點九個讚美來抵銷。[8]你必須不時發掘人們做的好事。

有一種領導風格我很認同，稱為「欣賞式探詢」（Appreciative Inquiry），那是以優點為導向的新生活策略。簡單來說，多多鼓勵你想再次看到的事物。一再讚美人們的正確行為，當他們做錯時，你的立場就會很清楚。在《啟示錄》中，使徒約翰寫信給七個教會，當中包含尖銳的批評，但每封信都從肯定開始；這樣的鋪陳並非無關緊要。

全國社區教會曾打造了一個複合式的商店街，稱為「首都回車場」（Capital

Turnaround）。起初，我們雇用一位顧問，他帶著我們做了一個叫做同理心映射（empathy map）的練習。那是人本設計的第一步，以找出重大的缺點和優勢。問題如下：

使用者有什麼看法？
他們有什麼感覺？
他們看到什麼？
他們聽到什麼？
他們說什麼？
他們做什麼？

「道成肉身」（Incarnation）就是在說同理心映射，不是嗎？「因我們的大祭司（耶穌）並非不能體恤我們的軟弱。祂也曾凡事受過試探，與我們一樣。只是祂沒有犯罪。」[9]事實上，耶穌和魔鬼在荒野較量了四十天。[10]

道成了肉身，住在我們中間，充充滿滿的有恩典有真理。我們也見過祂的榮光，正是父獨生子的榮光。[11]

愛是恩典加上真理。

恩典意謂「無論如何，我會寬恕你」。

真理意謂「無論如何，我會對你誠實」。

真理少了恩典的話，就像是死鹹的辣醬；只知用腦，不知用心。人們不在乎你知道多少，除非發現你對此事的心意。

相反的，恩典減去真理是索然無味的辣醬；只知用心，不知用腦。我們不想冒犯他人，所以寧願讓他們傷害自己。

恩典加上真理，才是我們的獨門醬汁！

商業顧問金・史考特（Kim Scott）在她的著作《徹底坦率》說：「我們都習慣逃避，不想說出真正的想法。這其實是種適應性的社會行為，以避免與人發生衝突或尷尬。」[12]但是，該說的不敢講，就會落入史考特所謂的「極其有害的同理心」（ruinous empathy）。[13]愛不是隨意贊成某人所說的、做的、想的或相信的一切。相反的，想表達內心真實、堅定的愛以及關懷，就要願意面對衝突。被動攻擊或避免爭鋒相對，這些作法都於事無補。恩典與真理的分量要平均分配，才是絕佳的配方。

若要改掉有害的同情心，方法就是「徹底坦率」，當中有兩個面向：在乎對方、直接面對。這個術語看來很新，但其精神就和「道成肉身」一樣古老，而且無人能比耶穌做得更好！祂總是能巧妙地同時賦予恩典和告知事實。

在《約翰福音》裡，有個婦人行淫之時被捉拿，而那些自以為是的宗教領袖想用石頭打死她。但耶穌說：「你們中間誰是沒有罪的，誰就可以先拿石頭打她。」[14]太棒了！太高明了！耶穌當場化解敵意，為她辯護。「你們可以用石頭丟她，但越過我的屍體再說！」這個女人完全沒想到這一招，但耶穌愛她，而且老實說，她也不應受到如此寬待。祂給予恩典，但也指出真理，於是斬釘截鐵地說：「從此不要再犯罪了。」[15]

耶穌並未掩蓋她的行為，而是加以糾正。祂的方式可取且可敬。耶穌給她第二次機會、人生之路的新合約。祂既不譴責，也不縱容，而是以中庸之道去處理。這就是耶穌的風格。愛不應向信仰妥協，而且會被慈悲所打動。

有種逆風的態度令人愉快，但是需要一些膽量。謙卑是犯錯時願意承認，膽量是為正確的事賭上名譽。根據信仰而活需要很大的勇氣，尤其在當前的社會，指出錯誤本身就是一種錯誤。膽量是選擇《聖經》的真理，對抗時下的政治正確。

在NCC，我們有四個和和氣氣的指南：

一、仔細聆聽。

二、問什麼問題都可以。

三、自由表達不同意見。

四、無論如何都要愛對方。

近年來，社會風氣與《福音書》反其道而行：公共場合缺乏禮貌，人際之間缺乏交流，加上取消文化興起。在行淫婦人的故事中，有個容易被忽略的次要情節：耶穌符合自己設下的資格，祂沒有罪，但也沒有拿起石頭。為什麼？這是祂給予婦人的恩典！但是注意，祂也用愛說出真理。這是我們要走的鋼索，而保持平衡唯一的方法，就是同時擁抱恩典和真理。

與他人互動的過程中，永遠都會有意見不合的情況，包括投票給誰、支持誰，都有各自的意見。我們對於政治、美感，甚至神學，也有各自的看法。如何調和這些歧見，很大部分取決於我們的個性。我們的角色是給予恩典嗎？會給人第二次機會嗎？保有自己的想法時，會試著理解對方嗎？或者只要意見不合，就表現出不屑一顧的樣子？

拉撒路死後，他的姊妹傷心難過。記得，言語就像X光！她們對耶穌說：「主啊，祢若早在這裡，我兄弟必不死。」[16]這句話聽起來像被動攻擊，還是只有我這麼覺得？她們像是在說：「那不是祢的錯……但也有部分是……」她們的言語深處有種執念：耶穌大可不讓拉撒路死。

如果你的「對不起」欠缺考慮，乾脆別說。

如果你的「對不起」言不由衷，便不要再說。

如果你的對不起是被動攻擊，就會造成反效果。

看起來像耶穌晚了四天才有所行動，但祂沒什麼好道歉的，因為結果是祂說了算。上帝寫上逗號的地方，不會有句號。耶穌說：「拉撒路出來。」[17]

拉撒路死而復活和對不起有什麼關係？比表面看到的還要複雜！簡單的「對不起」可以有相同的效果。給人第二次機會，就是再次喚起信、望、愛。「對不起」是我們脫掉屍布的方法。

是時候來個動機檢查。

「對不起」只有在你的動機單純時才有威力。

你是為了對方的福祉而道歉嗎？

或者只是為了減輕你的心理負擔？

在前總統柯林頓與李文斯基發生性醜聞期間，葛理翰牧師受邀至白宮與總統會面，牧師答應了，於是被廣大基督徒的砲火誤傷。怎麼說？因為大家以為他是去寬恕總統的罪。葛理翰這樣回覆批評：「證道是聖靈的工作，審判是上帝的工作，而我的工作是傳布愛。」

我們太常扮演法官與陪審團。當然，你應該堅持信仰，但必須用愛訴說真理，也不用帶著歉意。意思就是，評斷別人不是你的工作。說白了，我們所批評的他人缺點，其實是對自己不滿意的部分。難道只有我是如此？我們靠著貶低他人來建立自我，這正是我們需要說「對不起」的時間和場合！

若只能擇一，你寧願選擇正確還是正直？當然可以兩者兼具，但如果你只在乎正確，那叫做自以為是，還會導致關係破裂。你在「固執我見」的祭壇犧牲友情和親情。我只能直接說：請停止這種態度。是的，我說了「請」！要怎麼做才能點醒我們，或者搖醒我們？我們文化裡的犬儒主義，程度之深，已經失控；必須停止煽動的行為，不再助長憤怒、責備和羞辱的風氣。

責備遊戲無人能贏！贏的唯一方法就是不玩；羞恥和成名遊戲也是。與他人比較只有兩個結果：驕傲或嫉妒。怎麼樣你都不算贏！比較是必輸的戰役。

大家都傾向把壞事歸咎到他人身上。你不信？只要盯著新聞頻道就知道！是時候打斷這個規律、試試不同策略了。沒有靈藥，但有咒語：「對不起」是個好的起點，是上千種問題的解答。

事情做得好，少攬一點功勞；事情出錯時，願意承擔較多的責任。多寬恕一點，少評斷一點，事情就會有轉機。

與其指著他人的鼻子，不妨照照鏡子看自己；就算你不是部分的解答，也必定是問題之一。如果你老是愛肆意抨擊別人，那就不要再抱怨社會缺乏禮貌。提高自己的標準，想培養一項技能的話，就試試「大誠命」。

「耶穌對他說，你要盡心，盡性，盡意，愛主你的神。」這是首先而且最大的誡命。而其次也相似，就是「愛人如己」。[18]

我們經常將大誡命想成兩個面向——愛上帝與愛人；但還有第三個面向——愛你自己。聽起來自私，但這是幸福方程式的重要環節；不愛自己，就很難愛別人。要如何開始？讓上帝愛你、讓祂寬恕你，並接受祂對你的評價。

一般人自我評價時會犯兩個錯誤；第一是驕傲，第二是虛假的謙卑。「上帝阻擋驕傲的人」[19]，但虛假的謙卑也沒有任何好處，那是認為自己一點價值也沒有，甚至把基督推開。

因此，最難寬恕的人是你自己。我們傾向對自己更嚴格，批評自己毫不留情！不知怎麼，譴責比起表揚更容易滲入我們的靈魂深處，也可說是一種負面偏見。

說到這裡，我來說明一個重要的區別：信仰是來自聖靈，對未經懺悔的罪感到內疚；譴責是來自敵人，要你對已懺悔的罪有罪惡感！因此，「如今那些在基督耶穌裡的，就不定罪了。」[20]

演講大師麥克・佛斯特（Mike Foster）在其著作《擁有第二次機會的人》（*People of the Second Chance*）中談到「五項譴責」。「我們為自己訂的規則總是鬼鬼祟祟、默默在背景執行，像破壞作業系統的病毒。」

一、我不值得第二次機會。

二、我就是我的恥辱；我就是我的秘密。

三、我的感覺不會變，生活永遠都是這樣。

四、那些糟糕的過往令我的人生不再有價值。

五、我的生活、我的夢想、我的希望不再重要。

若你還無法寬恕他人，那也許你也還沒寬恕自己。

此時不做，更待何時？

第十章

如何不懷恨在心地生活

我們應該當這個星球上最不會被激怒的人。

——電台主持人韓森（Brant Hansen），《不受冒犯》（*Unoffendable*）

我在五歲的時候，看了一部叫做《密室》（*The Hiding Place*）的電影，於是信仰耶穌基督。電影敘述荷蘭作家彭柯麗的一生：二戰時，她們全家被送到納粹的集中營，她失去父親和姊姊，但自己倖免於難。幾年後，她回到德國傳遞福音。

某次福音聚會，她遇到一個男人，此人曾在拉文斯布呂克（Ravensbrück）附近的集中營擔任監獄守衛。一看到那個男人的臉，就勾起她傷痛的回憶，她記得這個守衛非常殘忍。「女士，您好。」回應她的問候之後，這個男人提出一個極為個人的請求：「我想聽您親口說，您願意寬恕我嗎？」時間彷彿靜止，是該面對真相的時候了。彭柯麗之後回想：「我站在那裡無法動彈。我的罪一而再、再而三得到他人的寬恕，而我卻無法寬恕此人。」

寬恕那名監獄守衛是彭柯麗必須做的事情，然而恐怕是最難的一件。但她知道寬恕不是感情的函數：是意志的行為。彭柯麗最終握住對方的手，然後奇蹟就出現了：

一道電流從我的肩膀竄出，流至我的手臂，快速通過我們交握的手。然後這股暖意從我全身湧出，治療我全身，而我的雙眼滿是淚水。

「我寬恕你，兄弟！」我哭出聲：「全心全意。」這麼做的當下，我還不知道上帝的愛有多強烈。我發現那不是我的愛，我嘗試過，但沒有那種力道，所以這是聖靈的力量。[1]

以色列人離開埃及四十年後進入應許之地。他們在約旦河東岸名為吉甲的地方紮營。此時此地，上帝說：「我今日將埃及的羞辱從你們身上滾去了。」[2]以色列人出埃及只花了一天，但是以色列人所受的羞辱卻花了四十年才滾出去。寬恕不會一夜發生。有時要花四十年！

說「對不起」、真誠地請求寬恕，羞辱就滾去了。那不代表你的內心不會有阻礙或陰影。「信主得救」是硬重置；我們的罪得到寬恕並得以被遺忘。我們稱義，彷彿從未有罪。但寬恕是軟重置，是必須一再重複去做的事。

還記得我在前言提到的日記嗎？我的思緒模糊、心跳急促、感覺情緒都麻痺了。彷彿機油燈亮起，我知道我需要幫助。我開始接受心理治療，而諮商師帶我做了許多寬恕練習，徹底顛覆我的思維。他請我撥出時間問上帝：「有什麼人或什麼事我需要寬恕？」我以為只要幾分鐘，我錯了！聖靈開始揭露我那些未懺悔和未寬恕的罪。一直以來，我都在壓抑，而非懺悔；我都在抱怨，而非寬恕。

近來我看到一則漫畫，裡頭有個男人對身邊每個人爆發後，站在自己挖出的坑洞。其旁白說到我的痛處：「四十三年來，漢克成功把他所有的感覺塞在心裡，直到佛瑞德跟他借一根迴紋針。」[3]當某人被冒犯時做出不成比例的反應，那應該不是針對當下的情況，而是受過去的傷痛所觸發。他裸露的傷口不斷冒出血，造成很多附帶傷害（情緒、關係和精神等各層面）。坦白說，那就是我。

聖靈身兼多職，包括治療、封印、揭露、輔導、責備、安慰，還有一項執行功能是將潛意識的動機和被壓抑的記憶拉至水面。

神為愛他的人所預備的是眼睛未曾看見，耳朵未曾聽見，人心也未曾想到的。只有神藉著聖靈向我們顯明了。因為聖靈參透萬事，就是神深奧的事也參透了。[4]

聖靈比谷歌還強大，祂能搜尋到所有事物，包括深層的欲望以及黑暗動機之網。大腦皮質中，有超過一百二十五萬億個突觸，而聖靈居住在四十奈米的突觸間隙中。[5]當我在做諮商師教我的寬恕練習時，聖靈開始將記憶拉上來，有些是最近受到的委屈，有些是舊傷口，有些是要尋求他人寬恕的事。我第一次偷東西的畫面忽然閃現。當時我在上音樂課，而我注意到老師有張我很想要的棒球賽程表。我拿走了，而且從沒道歉，因為我不認為那是不可原諒的罪。然而，在《聖經》故事中，小狐狸正是毀壞葡萄園的元兇。[6]經過幾個小時禱告與消化，我感覺自己卸下了一個非常重的背包。而那正是耶穌保證的：「因為我的軛是容易的，我的擔子是輕省的。」[7]

我們不寬恕他人的理由很多，包括害怕一再受到傷害、希望對方付出代價並離自己遠一點。我們擔心寬恕會令自己看來軟弱，其實相反，它能幫我們脫離內建的藉口系統。

不寬恕就像綁住腳踝的繃帶；你想前進，但疼痛阻礙你。所以在某個時間點，你必須剪掉繩結，別讓那些傷害你的人定義你。別再讓他們住在你的腦中、心中（而且還不收房租）。從他人的意見中釋放自己。試試看，為你的寬恕加上某種特殊的符號，比如飄走的氣球。你也可以在鞋盒外面寫下裝在裡面的傷痛，然後埋了；更好的是，點個營火燒了。

不要叫神的聖靈擔憂。你們原是受了祂的印記，等候得贖的日子來到。一切苦毒、惱恨、忿怒、嚷鬧、毀謗，並一切的惡毒，都當從你們中間除掉。並要以恩慈相待，存憐憫的心，彼此饒恕，正如神在基督裡饒恕了你們一樣。[8]

肯德爾說：「在人生當中，最叫聖靈的擔憂就是人們會哺育心中的痛苦。」[9]接著他翻閱《聖經》。「痛苦離去後，聖靈得以在我們裡面作祂自己……聖靈不擔憂的話，祂在我身邊就會感到自在。」[10]

你不再親近上帝，是否可能因為你內心痛苦？如果你失去不言而喻的平靜，是否可能是因為你無法真心寬恕他人？如果你失去主帶來的喜樂，是否可能是因為心懷怨恨或感到不滿？花一些時間，坐在主的面前問自己：「有什麼人或什麼事需要我寬恕？」

我認為，對於我們帶給別人的痛苦，以及別人帶給自己的痛苦，應該有兩個選擇：壓抑之，或懺悔之。無論你壓抑什麼，最後都會成為抑鬱的心情，於是造成我所說的沙灘球效應：球在水下一陣子後，終究會再浮起來。只消一個引爆點，那怕是有人跟你借一根迴紋針，你都會爆炸！因此，不寬恕他人，自己的內心反而會遭受千刀萬剮般的痛苦。

二〇一一年，我出版了《神奇的祈禱圈》；那本書賣了數百萬本，而我收到數千名讀者的見證，他們說，自己的禱告與生活有受到這本書正面的影響。我必須承認，有些負面評論令我有點驚訝。我不是在索求同情。只有百分之一的評論給了一顆星，百分之八十六給了五顆星，但那些一顆星的評論卻很沉重！有幾個讀者把我批評得體無完膚，說我的動機錯了、書的內容都是教條。還有人寫信給我，指責我吃了高熱量的芝樂坊（Cheesecake Factory）起司蛋糕。如果那樣也錯，我寧願錯到底！說正經的，雖然很多人在網路上辱罵我，但我那年選擇的年度經文，後來證明非常中肯。

人有見識，就不輕易發怒。寬恕人的過失，便是自己的榮耀。[11]

提醒大家：選擇年度經文必須小心——上帝會給你很多機會實踐！我也不是一試就成功，而那年我被很多事情惹怒。畢竟，一則批評加上一千則讚美，還是等於一則批評。話雖如此，我的確變得更不容易被激怒！為什麼？因為我已事先決定，無論其他人說什麼或做什麼，我都不會感到被冒犯。

在《使徒行傳》中，司提反在被激動的民眾用石頭打死前，做的最後一件事情是跪下禱告。他以將死的氣息說：「主啊，不要將這罪歸於他們。」[12]寬恕不光是事先決定，而是終身的承諾。

如果你以負面的假設填補未知，就隨時可能會被激怒！我的建議是，往好處想；生活不順的時候不要扮演受害者，風生水起的時候不要自以為是上帝。

我要持續寬恕他人，至死方休。

我要持續向人道歉，至死方休。

我就讀研究所的時候，認識一個有趣的矩陣，叫做「周哈里窗」(Johari window)。這名詞聽起來很炫，但只是因為發明它的人名叫周瑟夫・路夫特（Joseph Luft）與哈里・英罕（Harry Ingham）。這個矩陣分成四塊，代表你的四個面向與身分。

第一個面向稱為「開放我」：也就是你自己知道、別人也知道的你，就像你的臉書貼文、領英個人檔案一樣。這是你的公開身分，大家都知道，而你一週工作五天都是在經營它，是你的個性中最主要的特徵。

第二個面向稱為「隱藏我」：也就是你知道，但別人不知道的你。這是另一個你、沒人在看的時候的身分，是檯面下的事實、藏在奧茲國裡的女巫。這個面向讓我們覺得自己在欺騙世人，或是患上了「冒牌者症候群」。

在我看來，我們不是發展出「另我」(alter ego)，就是「祭壇我」(altar ego)。前者是你所偽裝的身分，問題在於，如果你不忠於自己，也無法活出自己！說真的，那會很累，在這身皮囊底下永遠不自在。另一個選擇就是，在十字架前放下你的驕傲、羞恥、欲望、憤怒和你的過錯，展現你的「祭壇我」。用上你的時間、才能和資源，還有你的過去、現在、未來，以及你的心、靈魂、思想與力量，將自己獻給上帝。

第三個面向稱為「盲目我」，也就是別人知道但你不知道的你。因此，你會需要真正關心你的朋友，請他們對你直言不諱。你還需要可以信賴的伴侶，以斥責你的過錯。你需要很多先知來召喚你的內在潛能。當然，你也需要多聆聽他人的見解！宗教學家休斯頓．史密斯（Huston Smith）說：「成熟的人被糾正時不會發怒。」為什麼？「他們非常清楚，這對往後自己的發展是有益的。而在接受建議的當下，他們不會把自我看得太重。」[13]若你擁有成長型思維，就會接受各方面的指正。

最後，第四個面向稱為「未知我」：也就是你不知道、別人也不知道的你。這裡有很多事情可從你與上帝的關係中看出。為什麼？因為上帝比你還要認識你自己。想探索自己，就必須尋找上帝，而在過程中，便能發覺自己在基督裡的真實身分。如果你打算壯大你的潛能，就必須和賦予潛能的上帝建立關係！

所以我們要尋求聖靈幫助。在做寬恕練習時，我有點驚訝，原來我緊握這麼多怨恨、壓抑這麼多不滿。聖靈恩威並濟，既會責備你，也能安慰人。如果聖靈的每字每句你都有所選擇，自然也聽不到當中的必要訊息。為什麼？這是套裝組合，關上心門，不想聽責備的聲音，就也聽不到安慰的話。

在你的內在生命中，最響亮的聲音是什麼？如果是聖靈平靜輕柔的話語，你會比一般人更常說「對不起」，會更容易寬恕他人。為什麼？你不帶怨恨地活著、慷慨地愛人。

有什麼人是你需要寬恕的？

你還在等什麼？

第3篇

「謝謝」的神學

Thanks

說謝謝的方式很多。

多謝。

太感謝了。

Thank you。

真感恩。

我個人最喜歡的？「多謝、辛苦了！」其實，我更常說「感恩」，較少說謝謝；研究顯示，前者更能有效傳達感激之情。有位治療師認為，謝謝是種感覺，感恩是個動作。[1]無論怎麼說，謝謝的神學都從感恩的心開始。

我們的家族有四個核心價值：感恩、慷慨、謙遜、勇氣。它們有互相重疊之處，而感恩是引擎室。感恩是將功勞獻給有功的人，並且從根本上認識到，一切良善與美好的贈禮都來自上帝。[2]以神學家暨前荷蘭首相凱柏（Abraham Kuyper）的話來說：「對於這世上每一個角落、人類的生活領域，萬物的主宰基督無不呼喊：『是我的！』」[3]是的，一切全都來自上帝，全都為了上帝。

愛因斯坦說：「生活方式只有兩種：一種是相信凡事沒有奇蹟；另一種是相信凡事都是奇蹟。」我知道，人們都說自己沒有體驗過奇蹟。恕我直言，你的生活從來不缺奇蹟。

你知道嗎？每一瞬間，人體內的化學反應次數是三十七乘以十的二十一次方。[4]視網膜有一億個神經元[5]，每秒傳導的計算結果接近一百億，而且是在影像從視神經傳導到視覺皮層之前。每次心跳，六點六公升的血液會流過九萬六千公里的靜脈、動脈、毛細血管。也別忘了DNA；如果你獨一無二的遺傳密碼從頭拉長到尾，長度是太陽系直徑的兩倍。

你確定你從沒體驗過奇蹟？

請！對不起——我忍不住賣弄知識。謝謝你縱容我！

英國哲學家切斯特頓（G. K. Chesterton）寫過，勿把一切視為理所當然，這件事情非常重要——無論是一次日出、一個笑容或一秒鐘。「心懷感恩地收下一切，勿把一切視為理所當然」是他所謂「人生的中心思想」。[6]

你把事情視為理所當然嗎？

或者心懷感恩地收下？

切斯特頓說：「人長大後就不夠堅強，無法為了一成不變的生活拍手叫好……上帝每天早上對著萬事萬物說：『對著太陽再做一次』，到了晚上說：『對著月亮再做一次』。大自然的現象不只是複製貼上，而是令人叫好的『安可』曲目。」[7]

把每一天都當成安可，聽起來不錯吧？畢竟，過去從來沒有這一天，未來也不會再有。感恩就是，每天都活得像是生命的第一天與最後一天！

法國詩人雷達（Jacques Réda）每天習慣在巴黎的街道閒逛，想要發現新的事物。他用這種方式一再欣賞自己鍾愛的城市。[8]若沒有這樣的精神，我們便會對身邊的好事視而不見。就心理學來看，這種現象稱為「不注意盲視」（inattentional blindness），表示遺漏眼前的事物。

伊莉莎白．巴瑞特．白朗寧（Elizabeth Barrett Browning）寫過：

大地充滿了天堂，
每叢尋常的灌木都在燃燒上帝的火焰；
但只有看見的人脫了鞋，
其他人圍繞坐下，摘採黑莓。[9]

你正在脫鞋嗎？
還是你圍繞坐下，摘採黑莓？

俗話說：「停下，聞聞玫瑰花。」贏得十一次大滿貫賽的高爾夫球選手哈根（Walter Hagen）也說：「別煩惱——別急，務必聞聞那些花！」[10]簡單來說，慢下腳步、品味生活、享受旅程！耶穌是這麼說的：「你們為什麼為衣服憂慮呢？應該觀察野地裡的百合花是怎麼生長的。」[11]

很多年前，有位來自印度的交換學生來到我們的教會。他從沒看過雪。某一日，天氣預報說，半夜會有風雪，所以他把鬧鐘設定在凌晨三點，以免錯過奇蹟！聽到這件事時，我笑了。但我隨即感到內疚，因為我看輕了他深深享受的事物。記得那個道理嗎？「情人眼裡出西施。」一切事物皆是如此。

上次你在新鮮鬆軟的雪地裡做雪天使是何時？你可曾像祈禱一般欣賞日落？是否會盯著熟睡的寶寶而感到驚喜？你喜歡凝視深邃的夜空嗎？或是享受親愛的人的笑聲？

第十一章

呼吸是小奇蹟

每次呼吸，你真的就是吸入世界的歷史。

——科普作家山姆．基恩（Sam Kean），《凱撒的最後一口氣》（*Caesar's Last Breath*）

吸一口氣。

除非噎到、溺水或在高海拔健行，否則我們不太會想到呼吸的重要性。普通人每四秒呼吸一次，加起來每天呼吸兩萬一千六百次。我們這一輩子，平均呼吸六億七百四十七萬八千四百次，但是誰會去數？

很少有比呼吸更平凡的事，但也很少有比呼吸更像奇蹟的事。每次呼吸，我們吸入半公升的空氣，其中包含一百二十五垓個分子。[1]這比地球上所有海岸上的沙子（包括沙雕）還多。

再吸一口氣。

你的肺部表面面積，包含所有隱蔽的地方，大約相當一座網球場。[2]而且所有空氣經過的路徑，從你的氣管到支氣管，共計兩千四百公里。山姆·基恩在著作《凱撒的最後一口氣》裡頭說：「人類歷史上所有的道路、運河、機場的交通流量，都不如我們的肺臟每一秒處理得多。」[3]

每次呼吸，我們吸入各式各樣的分子。氧氣當然是最重要的。沒有氧氣，你活不了幾分鐘；一旦吸入氧氣，蓄勢待發的紅血球細胞就馬上遞送維持生命所需的原子，就像亞馬遜的快速到貨一樣。說到這個，亞馬遜的物流有四萬輛大卡車、三萬輛小貨車、七十台飛機（搞不好還有無人機）[4]，這聽起來非常驚人，但對比人體仍然相形失色。你有二十五兆個紅血球細胞，而每個紅血球細胞包含兩億六千萬個血紅素蛋白質[5]，它們隨時都在輸送氧原子。

吐氣時，氣息感覺瞬間消失，但這一口氣裡的分子依然存在。我們吐出的氣融入無所不在的風，沿著同一個緯度繞行地球大約兩週。基恩說：「大約兩個月內，那口氣就會覆蓋整個北半球；大約一至兩年，就會遍及整個地球。」[6]

在《凱撒的最後一口氣》中，基恩生動描述呼吸的神奇之處，令我們重新看待身邊的空氣。「每次呼吸，你其實是吸入世界的歷史。公元前四四年三月十五日，凱撒被刺後死在參議院的地上，但他最後一口氣的故事還在繼續；事實上，你現在說不定也吸入其中一些。此時進出你肺部的無數分子，某些可能還有埃及豔后的香水痕跡。」[7]

再吸一口氣。

鼓起你的肺部，就像你準備要吹氣球。你能感覺肺部完全展開嗎？我們吸入的歷史也許看不見，但是它所產生的生理效果就在五臟六腑之間。深呼吸能安定神經、讓注意力集中，還能舒緩壓力、減輕疼痛。深呼吸能重新設定你的心理狀態、校正你的情緒。深呼吸是在告訴你的身體：你是安全的。

自律神經系統控制著呼吸，即使人在熟睡中，呼吸仍會自動進行。很驚人吧！

而用一個深呼吸，就能將自動控制轉為手動。

自律神經系統有兩個平行的分支。交感神經系統負責戰鬥或逃跑的反應，其功能就像火災警報，以啟動腎上腺素分泌。副交感神經系統則完全相反，專責休息、放鬆，它在身體注入舒服的荷爾蒙，例如血清素和催產素，產生如冥想音樂或芳香精油般的效用。

這和呼吸有什麼關聯呢？

多數和交感神經系統相連的神經都在肺部中上方；呼吸急促時，就會刺激戰鬥或逃跑的反應。多數和副交感神經系統相連的神經則位於肺部中下方；為了好好休息與放鬆，你需要深呼吸。無論是投球、化解爭吵或冥想，這方法都一樣有用。一個深呼吸，就能夠重新校正身、心、靈。

凡有氣息的，都要讚美耶和華。你們要讚美耶和華。[8]

這是《詩篇》最後一節的最後一句經文，而我喜愛它的理由很多。如果你還在呼吸，上帝與你的關係就還沒了結，而成為理想中的自己，永遠不嫌遲。這句經文也是一項熱情的邀請，歡迎你來敬拜上帝。我們不需要卡拉OK或樂隊伴奏，只要多讚美上帝，就能歌唱、大口呼吸。

這背後還有個有趣的典故。

在希伯來文中，上帝的名字是Yahweh。但古人認為上帝太神聖了，不可以喊出祂的名字，所以去掉其中的母音，只剩子音：YHWH。根據某些學者的觀點，YHWH就像呼吸的聲音。此後，隨著我們每一次吞吐，這個名字就會輕聲出現。它是生而為人說出的第一個詞、最後一個詞，以及每個詞之間的詞。

我對呼吸如此著迷還有一個原因：我罹患氣喘長達四十年。自從我勇敢地祈禱，重新拾起唸過數百次的祈禱文之後，上帝在二〇一六年七月二日將我治癒。直到現在，我再也沒碰過吸入劑了！因此，我不把每次呼吸當作理所當然。在這段過程中，我上了很重要的一課：為一小部分的奇蹟讚美上帝。

在福音書中，有兩段有趣又勵志的奇蹟故事。[9]那時，耶穌將手按在一位盲人的眼睛上，於是奇蹟發生了。雖然他的視力沒有完全恢復（也許只到零點二吧），走路時還是像棵正在移動的樹。聽到這邊，許多人會懷疑上帝的能力，而非讚美祂。但聽好了——就連耶穌也得祈禱兩次！有時，奇蹟必須按部就班地出現，你除了祈禱，還要進行齋戒。但我們常吝於讚美部分的奇蹟，然後納悶，上帝為何從未眷顧自己。其實，只要有微小的進步，就值得來讚美上帝，即便現實是向前兩步、倒退一步。

二〇一六年七月二日，我大膽地禱告，而上帝完全治癒我的肺部，但前面也發生了部分的奇蹟。在那之前一個月，我到緬因州的卡迪拉克山（Cadillac Mountain）健行。這不是我爬過最高的山，但我沒有靠著吸入劑就走完了，這對我來說是項壯舉！事實上，連續四天沒有使用吸入劑，是當時我人生中的最高紀錄。當時我不太確定上帝是否已治癒我的氣喘，而到了第五天，我還是必須拿出救命用的吸入劑。

這件事情令我「洩氣」（這是個雙關語）。我必須再次使用吸入劑，雖然令人失望，但還不如來讚美上帝，畢竟之前已連續四天呼吸順暢了。在當晚的禱告中，我大聲讚美上帝賜予的部分奇蹟。不到一個禮拜，祂就治癒我的氣喘！是巧合嗎？我不認為。為部分奇蹟讚美上帝是一小步，但對於肺臟的治癒可是大躍進，可說是雙倍的祝福。

為部分奇蹟讚美上帝，就是在預言你的美好未來！感恩，是在上帝締造奇蹟後讚美祂。你也可以先付頭期款，在奇蹟發生前謝謝上帝，然後瞧瞧有什麼端倪！那個「謝謝」應該會產生骨牌效應。

你身上有無部分奇蹟值得來讚美上帝？深呼吸。

現在就勇敢地來禱告！

第十二章

讚美平凡的一天

我是每個年齡的我組成的，直到他人看見的當下。

——莫瑞．史瓦茲，《最後十四堂星期二的課》

一八八五年一月十五日，攝影師班特利（Wilson Bentley）拍下他的第一張雪花顯微照片。他說：「在顯微鏡底下，我發現雪花的美與奇蹟。每個結晶都像是大師所設計的傑作，而且沒有哪個圖案是重複的。」[1] 班特利說得對，沒有兩片雪花是一模一樣的。科學家估計，雪花的形狀種類有十的一百五十八次方之多。相較宇宙的原子，變化多出了十的七十次方倍。[2]

班特利的資料庫有五千三百八十一張雪花照片，當中有兩千三百張收錄在他的巨作《雪晶》（*Snow Crystals*）。而他神聖的好奇心從未減弱。事實上，他從一而終。他在暴風雪中走了九公里後感染肺炎，於一九三一年十二月二十三日過世。多麼有意義的人生歷程！專注於自己所愛的事物。

語言學家施奈德（Lucien Schneider）發現，在加拿大努納維克地區，努伊特人的方言中至少有十二個形容雪的詞。[3]為什麼？他們對於各種不同類型的雪，有細微的欣賞和理解！不光如此，研究人員發現，世界各地的語言都有一個負面偏見：「不好的概念，例如苦，有比較多的同義詞，而正面的概念，例如樂，同義詞就比較少。」[4]這就是我們要突破的難題。

一般人的感恩都太籠統了！我們大可讚美每一片雪花的結晶，而不是只想欣賞雪景。這是否太吹毛求疵？我不認為。

傳統猶太人每天都要說一百個祝福，包括飯前與飯後。他們謝謝上帝賜予各種食材，也讚美香氣和美味。你的「謝謝」越細膩、力量越大。要發揮「請、對不起、謝謝」的效用，就看你描述得有多具體。

來感謝一下食物。謝謝「瑞斯花生醬杯」(REESE'S cup)，也謝謝巧克力和花生醬。多麼棒的組合！既然如此，我也要向其發明人瑞斯（H. B. Reese）致敬，他於一九二八年發明這種甜點。順道一提，他有十六個小孩，我相信他們必定會幫父親試吃產品！

希臘哲學家赫拉克利特說：「無人踏入同一條河兩次，因為那已不是相同的河，他也不是相同的人。」萬事萬物都是如此，不是嗎？謝謝的秘訣在於，同樣的事物再度品味一遍，就能從欣喜提升到狂喜。天使就是如此！

太棒了，神，太棒了！

所有的天使都在歡呼：「安可！」[5]

特斯拉是歷史上數一數二令人驚奇的發明家，在美國取得超過一百項專利。他最著名的發明是交流電供電系統，家家戶戶因此輕易取得電力。每次你打開開關，都要感謝特斯拉。

據說特斯拉有個儀式，相當發人深省。下起雷雨的時候，他便會坐在靠窗的座椅上，只要一打雷、閃電出現，他就會站起來為上帝鼓掌。這是一個天才為另一位天才熱烈歡呼。

研究人員發現，地球隨時都有兩千處在下雷雨，平均起來，每秒會出現四十次閃電，也就是說，一天下來，全球共發生了三百四十六萬次閃電！這應該沒人鼓掌得完，但是根據《詩篇》的描述，天使每一次都大喊「安可」！

上次你讚美造物主是什麼時候？你為祂熱烈鼓掌是多久以前的事？嬰兒的笑容、孩子的笑聲或伴侶的觸摸可曾讓你謝謝上帝？當你被夜空、秋葉、積雪覆蓋的山脈或海洋的波浪打動時，可曾以敬畏的心禮敬創造者？

蘇格蘭作家卡萊爾（Thomas Carlyle）說：「敬拜是一種超越性的驚奇之心，沒有限制或也無法度量。」[6]若有人一輩子都住在洞穴裡，那想必他第一次走到外面看見日出時，定會感到如癡如醉，而那是我們每日漠不關心的景色！

要體驗「謝謝」的神學，就從我們視為理所當然或忽視的事物開始，對它們培養深刻的感激之情。看吧，太陽就高掛在天上！

此時此刻，地球正以每小時一千六百公里的速度自轉，但你竟然能夠保持平衡。我們的星球正以每小時十萬又七千公里的速度穿越太空，但你竟然不會感到頭暈。如果這不是奇蹟，我不確定什麼才是！即使今天你什麼也沒做，仍在太空之中行進了將近兩百五十七萬公里。這就是事實。

謝謝上帝讓地球自轉？試試看，在一天結束之時跪下禱告：「主啊，我本來不確定今天還有日升日落，但祢做到了。」很少人這樣禱告，為什麼？因為上帝太擅長創造奇蹟，所以我們才會將這些事情視為理所當然。但就連天使也會呼喊「安可」，我們也該試試看！

作家萊恩（M. J. Ryan）說：「愛的秘訣、喜悅的感受以及感恩萬物的情懷，就在於宛如初次般地眼見、感受、耳聽。當你習慣了辦公室窗外晴朗的藍天、酸甜多汁的柳橙、觸感柔軟的愛人之手，或聽膩了她的溫言婉語、他的悅耳笑聲，這些感受就會消失不見了。」[7]

願你再次愛上！愛上什麼？愛上所有事物、所有人。

哲學家歐唐納休（John O'Donohue）說：「因為慣性機制，所以我們對日常關係會變得麻木。」[8]諾貝爾獎得主馬奎斯如此談到他的妻子：「我對她的瞭解太深了，所以反而不知道她真正的模樣。」[9]

某項研究指出，夫妻有意義的對話平均是二十七分鐘。[10]不，不是每天，是每個禮拜！再強調一次，我們每天都在改變！那個改變也許小到無法度量，但我不再是昨天的我，你也不是。作家伯林德（Scott and Jill Bolinder）夫妻說：「根據當日的經驗，每天我們都有所改變。為了建立能成長的伴侶關係，每天我們都必須花時間向對方重新介紹自己。」[11]這個方法的威力很強大，而且適用於百千種事物。

以色列人蒙拯救才離開了埃及，但才過幾週，就開始抱怨上帝所賜的食物。如果我沒記錯，那些食物正是上帝的奇蹟，而他們竟然敢抱怨。不敢相信，對吧？且慢，我們都會犯同樣的錯。婚姻不也是奇蹟嗎？小孩？身體？人心？我敢打賭你對這些都有過一些抱怨。

以色列人說：「我們記得在埃及的時候，不花錢就喫魚，也記得有黃瓜、西瓜、韭菜、蔥、蒜。」[12]真的假的？不過那些免費的食物是用自由換來的。以色列人的問題（也是我們的問題）就是選擇性記憶。

結果怎麼著？我們並非如實看著世界，而是以自己的方式在解讀它。想找事情抱怨的話，永遠也不會缺。相反的，想找事情來感謝，也永遠找得到。而且你的言語，無論是抱怨或感恩，都會創造你的內在世界。

有什麼是你視為理所當然的？

有什麼奇蹟是你正在抱怨的？

有什麼事情是你需要讚美上帝的？

效法特斯拉，為上帝熱烈鼓掌吧！

第十三章

從一杯咖啡開始的感恩任務

我經常思考基督教的特性，也漸漸發現，雖然這個宗教有一套自己的規則與制度，但設立的主要目的是讓良善的事物得以自由發展。

——切司特頓，《回到正統》（*Orthodoxy*）

一九四二年，奧地利精神病學家維克多．弗蘭克（Viktor Frankl）遭到納粹逮捕。他在三年內被送往四個不同的集中營，包括奧斯威辛集中營。弗蘭克的物品、衣服，甚至他的姓名，都被剝奪，只剩一個號碼：囚犯一一九一〇四。他的父母、妻子接連死在那些集中營裡。

弗蘭克被解救後的隔年，他寫了一本書叫《活出意義來》。根據國會圖書館調查，此書是美國最具影響力的十三本著作之一。[1]在書中，弗蘭克分享了他存活下來的秘密。「人的一切都可以被奪走，唯獨一樣東西：終極的自由。無論外在環境如何，你都可以選擇面對它的態度。」[2]

在心理健康的評測光譜兩端，一邊是憂鬱，另一端點則是心盛（flourishing）。後者表現為樂觀、真誠且有同理心；他自尊高，內心常有喜悅，人生也有強烈的目標。光譜的另一端是憂鬱，表現為無望與無助，且感覺人生不可能進步。

在憂鬱與心盛之間，還有萎靡（languishing），這是「心理健康中的三不管地帶，就像家裡沒人疼愛的老二」。它不是心理疾病，但也稱不上心理健全。他的內心一片荒蕪，同理心差、對身邊的事物老是漠不關心；他總是感覺空虛，生活缺乏焦點、動機，更談不上有夢想。[3]

萎靡的原因很多，在此我特別探討兩個。第一是孤單，第二是漫無目的。在《聖經》故事中，以利亞擊敗了四百五十名信奉土地之神「巴力」的先知。你以為他必定非常高興，但他還是非常憂鬱。說句公道話，畢竟以色列的王后耶洗別一直威脅要殺他；每天擔心被殺害，心理健康難免會受到影響！但還有一個容易被人忽略的因素：以利亞「自己在曠野走了一日的路程」。[4]

你發現了嗎？以利亞不只待在曠野，還自己一人！從網路的發展來看，我們從未如此靠近，但也從未如此疏遠。為什麼？科技本身不是問題，而是我們用它來分化彼此，把他人當成魔鬼（我終於說出口了）。

尼采說：「若能知道為何而活，那無論遇到什麼境況，你都可以忍受。」[5]同樣的道理，如果身邊有對的人，我們可以承受任何重擔。出走埃及後，以色列人與亞瑪力人爭戰。摩西在山上求神，並說，只要他舉起手，以色列人就會得勝。但他的雙手越發沉重，助手亞倫與戶珥只好扶著他的手，盡可能地久。而最終以色列人獲勝了。[6]無論何時、何地，在陷入沮喪時，我們都需要有幫手來支持，就像亞倫與戶珥撐住摩西。

最近我參加了人生第一次的「百哩自行車」（bike century）賽事。我和一百八十位騎士一起，以將近六小時的時間騎了一百哩。前五十哩我感覺很順利，後面一半呢？我開始懷疑自己是不是訓練不足。到了最後七哩的上坡路段，我的大腿股四頭肌開始抽筋，並遠遠落後於眾人。這時，比賽的籌辦人周格（Jeff Zaugg）到隊伍的後面陪我，他不只鼓勵我，還在前面幫我破風。周格的身高有兩百公分，真的幫我擋了很多風。

每個人都需要有人幫自己破風，不是嗎？我們需要有人分擔身上的重擔，並激勵我們前進。當你打算放棄的時候，真的得要有人拉一把。

求你取我的性命，因為我不勝於我的列祖。[7]

這是一種悲觀的想法！以利亞自怨自艾，而且又漫無目的。「沒有異象，民就放肆。」[8]若放肆像正在腐爛的水果，異象就是防腐劑，讓你保持年輕！停止犯罪最好的方式不是綁住自己的手，而是超越眼前的誘惑，找到更大更好的「異象」！

榮格相信，你無法解決看似不能克服的問題，只能試圖超越它！[9]我們必須探索更重要的東西。換句話說，我們需要一個可以解救痛苦的更高目標，找到它，問題就會失去威力並消失不見！

以色列人被埃及人奴役的時候，生活非常悲慘，在工頭殘忍地對待下，他們灰心喪志，無法振作起來。這無可厚非，當你的人生只能屈從與被支配，就很難想像其他的可能性。儘管上帝承諾會拯救以色列人，他們還是非常沮喪。

摩西將這話告訴以色列人，只是他們因苦工愁煩，不肯聽他的話。[10]

「苦工愁煩」的英文是anguish of spirit[11]，若加個L，就變成languish（倦怠乏力）。這個片語的希伯來文是qotser ruach，可翻成「精神損傷」或「呼吸短淺」。以色列人氣喘吁吁……記得交感神經系統嗎？以色列人的奴隸工作很沉重，令他們上氣不接下氣。qotser ruach也可以翻譯為「沉寂」。既然喘不過氣，當然也不能說話。

你是否倦怠乏力？

或者活潑旺盛？

這兩者間的臨界點和轉捩點，積極和消極的差別就是「謝謝」！再次強調，十個消極的人讓以色列人回不了應許之地；十個消極的人讓以色列人在曠野流浪四十年！積極不僅是個性，也有神學上的意義。

如我所見，我們生活在兩種神學、兩個現實的交叉口。上帝的信心從過去來找我們——一直以來，幸好有祂：「我一生一世必有恩惠慈愛隨著我。」[12]上帝的權威指引我們的未來——最好的還在後面，「我們原是祂的工作，在基督耶穌裡造成的，為要叫我們行善，就是上帝所預備叫我們行的」。[13]簡單來說，上帝掌握一切。上帝掌握你。

你最自信的地方是什麼？學歷？經歷？銀行戶頭？或是上帝的應許？還是上帝的特性——祂的良善、祂的信實？說實話，我的自信低於平均。但我神聖的信心超標。我見過太多奇蹟，無法相信上帝不會成就下一個！不要告訴我祂做不到，一切都有可能實現！

積極就是相信上帝的應許，而懷疑是讓個人的困難阻礙你和上帝的關係。我的意思當然不是要你無視殘酷的現實，但你必須憑藉堅定的信心，才能讓上帝走進你和你的困難之間。[14]

想從倦怠乏力搖身變成活力旺盛的人，沒有簡單的答案，也沒有快速的方法。而且我確信，沒有感恩的心，就不會所有轉變。你不能控制環境，但可以控制自己的內心反應。痛苦和安定之間的橋梁，就是感恩的心。

著名的神學博士巴刻（J. I. Packer）是《聖經》英語標準版（English Standard Version）的總編輯。他出版了五十多本著作，包括永恆的經典《天天認識上帝》（*Knowing God*），也在加拿大溫哥華的攝政學院（Regent College）教授神學將近四十年。我介紹了他的簡歷，是為了強調巴刻曾說：「神學的目的是讚美上帝。」就這樣。

巴刻的每一堂課都從唱讚美詩開始。神學是研究上帝的學問，但目的不是為了求取知識。「知識是叫人自高自大。」[15]目標是敬拜上帝！不回以讚美的事情都會轉為驕傲或傷痛。不會帶你讚美上帝的神學，只會阻礙你的靈性發展。我們所接受的教育很多，但很少順從天意；我們不需要更多知識，而是要更懂得實踐。或者我應該說，正因為懂得多，更要常敬拜上帝！

神經醫學專家瑞斯塔克（Richard Restak）有本著作的書名很有趣——《莫札特與戰鬥機飛行員》(*Mozart's Brain and the Fighter Pilot*)，書中他分享一個深刻的老生常談：多學、多看。瑞斯塔克說：「對森林裡花草動物的知識越豐富，看到得越多……我們所學的，都會豐富、深化我們的知覺。大腦學到多少，決定了眼睛會看到多少。」[16]

太空人凝視夜空時，更能欣賞星座之美；他們懂得多，所以看到的更多。音樂家聆聽交響樂時，更能欣賞其中的和聲之美；他們懂得多，所以聽到的更多。侍酒師品酒時，更能欣賞好酒的質地；他們懂得多，所以嚐到的更多。

最近我去了一趟佛羅里達，當地樹木的數量和種類引發我的好奇心，所以我下載了應用程式來辨識樹木。科技很厲害，對吧？整趟旅程，蘿拉都放任我說：「猜猜這是什麼樹？」順道一提，榕樹是我的新寵！美到不行。

多學，多看。

你知道鯨魚的歌聲在水中可以傳遞一萬六千公里嗎？真是驚奇，難怪會有《白鯨記》這樣的偉大小說。而且牠們不是水底下唯一的歌手。魚類學者發現，某些品種的魚在黃昏與清晨會一起唱歌。[17]章魚不會唱歌，但卻是偽裝高手，甚至有三顆心臟和九個腦！[18]抱歉，我對這些東西非常著迷。如果你還沒看過榮獲奧斯卡獎的紀錄片《我的章魚老師》(*My Octopus Teacher*)，去看準沒錯！

再來點趣味知識吧！

雄性的木鶇利用牠的Y形聲帶兩側，就能唱出和諧的兩個音符。[19]褐矢嘲鶇腦中的曲目超過兩千首。[20]而雄性的刺歌雀在遷徙飛行九千六百公里後，會唱出長達三秒半的歌曲，以劃定領地並吸引伴侶。[21]

我又聽見在天上、地上、地底下、滄海裡和天地間一切所有被造之物，都說：「願頌讚、尊貴、榮耀、權勢，都歸給坐在寶座上的那位和羔羊，直到永永遠遠！」[22]

請注意，這首所造物之歌有四個維度：在天上、地上、地底、滄海。我們也許聽不到，但都有生物在吟唱，不輸收音機裡碧昂絲的歌聲。

宇宙裡每個原子都在歌唱。德國物理學家索末菲（Arnold Sommerfeld）說，單一氫原子發出的頻率比一架鋼琴還多。八十八個琴鍵的鋼琴可以發出八十八種頻率，一個氫原子發出的頻率是一百種。

神學家斯威特（Leonard Sweet）在他的書《靈魂咖啡廳的一杯咖啡》（*A Cup of Coffee at the Soul Cafe*）中寫到，一個碳原子的泛音音階等於一首葛利果聖歌。還有更令人玩味的。斯威特說：「有沒有可能，一切以碳為基礎的生命，其實都建立在葛利果聖歌的頻率上？」[23]

我大一時在芝加哥醫學中心大學修了免疫學。它至今仍是我最喜歡的一門課，讓我想當醫生。這個想法只維持了一學期，因為比起去讀醫學院，我比較想要教牧學的博士學位。

我不確定免疫學的教授相不相信「智慧設計論」（編按：意謂宇宙萬物背後有某

個超自然的設計者），但每堂課感覺都像《詩篇》第一百三十九章第十四節的註釋：「我受造奇妙可畏。」某天下課後，我還為了血紅素讚美上帝。是的，血紅素。那門課帶我深深領會人體有多麼複雜，也令我深信每一門學問都是神學的分支。所造之物的每一吋都透露上帝獨一無二的性格和創造力。[24]

陶恕說：「哪怕你有永恆的時間，也學不完祂所有的一切，或讚美祂所做的一切。」[25]如果陶恕是對的，我們還在等什麼呢？遲來的順服是消極反抗，遲來的感恩就是沒誠意。上帝每一秒、每一分、每一小時、每一天都應該得到我們的讚美！

我最近讀了幽默作家賈各布斯（A. J. Jacobs）的《幸福，從謝謝這一杯咖啡開始》（*Thanks a Thousand*）。他要好好感謝為他製作晨間咖啡的每一個人，除了使用咖啡機或濾壓壺的咖啡師，還包括背後長長的供應鏈：咖啡農、卡車司機、倉儲督導、起貨架操作員、烘豆師。結果賈各布斯一共謝了九百六十四個人！[26]當然，還有些他沒謝到的人，包括在伊索比亞最初發現咖啡的那個牧羊人！

我必須承認，我非常著迷於那個感恩計畫。每個謝謝都有一個族譜，瞭解其背後的故事，你就會更樂於說「謝謝」。你的感謝有了新的面向，還有新的真心和誠意。它就像數學中的「曼德博集合」(Mandelbrot set)，結構無限複雜。

感恩是禮物，你可以不斷給予他人！美好的回憶就像美酒，越陳越香，有時光是一個「謝謝」還不夠。

試試這個任務：向直接或間接給我們正面影響的人道謝。我知道，做這件事情要花上整個餘生！而且有些人可能很難找到，例如迎接你來到這個世界的醫生與護理師。但何不選幾個人，向他們說謝謝？

多年前，我和美式足球明星布雷特．法弗一起吃飯。他是非常踏實的人，在入選名人堂時的演說也展現其個性。演說時間是三十六分鐘，根據我的計算，他至少說了三十五次謝謝！他謝謝家人、教練和隊友，他謝謝粉絲，還有大學找他進入球隊的那個教練。他甚至謝謝他的伴郎。

誰在你的靈魂留下印記？當所有人都懷疑你的時候，誰相信你？誰與你同甘共苦？列張清單，找出他們，一一致謝。

最近我找了高中時代的籃球教練斯德（Bob Sterr）談話。距離上次聯絡已經是二十年前，你知道我印象最深的是什麼嗎？我高中畢業後，他來我的大學看我打球！我永遠不會忘記那件事情，也希望他知道我有多感謝他。他特地前來，我不只開心而已。說聲「謝謝」就像把線條圍成圓圈，串起圓滿的時刻。

我不能保證感恩會消除你所有的煩惱，但這是個好的起點。感恩不會讓你應有盡有，但會讓你珍惜所有，還能幫你減輕壓力、化解紛爭、抗老回春。內分泌學權威馬拉基（Bill Malarkey）博士說：「壓力是衰老的最大原因，而解藥就是感恩。」十五世紀的西班牙探險家德・萊昂（Ponce de León）找錯地方了！長生之泉不是一個地方，而是感恩的態度。

你需要感恩什麼？

你還在等什麼？

第十四章

翻轉祝福

從沒有人因為給予變得貧困！

——安妮．法蘭克，《安妮日記》作者

幾十年前，康乃爾大學進行一項研究，題目不言而喻——「變甜的小費：糖果對餐廳小費的效用」。[1]研究顯示，結帳時獲得一顆糖果的顧客，會給更多小費！我不確定這個結論是否需要做研究才能得到，但可想而知，慷慨會帶動慷慨。

記得心理學家約翰．巴奇「促發」的概念嗎？言語促發言語，行動會促發行動。這就是互惠法則。收到禮物，我們就覺得有必要回禮，這已根深柢固在人類的靈魂中。

許多年前，某人進來我的辦公室，給我一個禮物。我當然很開心，但摸不著頭緒，因為那天不是我的生日，也不是什麼節日。我在困惑中得出一個解釋：「智者會帶著禮物來。」你是否有恍然大悟的感覺？很難反駁，不是嗎？

有句箴言對我來說很重要：翻轉祝福（flip the blessing）。我為這句話寫了一本書叫《加倍祝福》（*Double Blessing*），以下是那本書一分鐘的重點摘要：

我們得到祝福，是為了再去祝福別人。上帝為我們做的事情，永遠不只是為了我們，還考慮到他人。上帝祝福我們，不是為了提高我們的生活水準，而是為了提高我們的給予能力。

一九九六年，我們打算在華盛頓特區成立教會，並在一家公立學校找到據點。籌備九個月後，我們落腳在聯合車站（Union Station）的電影院，但需要添購燈光設備，好將它改造為教會。但我們手邊沒有多餘的現金。當時教會的收入每月大約兩千美元，而購買燈具需要五千美元。令我難以忘懷的是，維吉尼亞州的一家教會居然寄來了五千美元，那份禮物改變我們教會的命運。直到現在，NCC已為了基督王國的事工捐獻超過兩千五百萬美元。我們送出大大小小的禮物，但最有意義的禮物是給各單位五千美元的捐款。我們就是這樣翻轉祝福，就是這樣向世人道謝。

蘿拉和我新婚時，經常入不敷出。我在芝加哥一個教會傳教。主日信息結束後，一位年長的先生過來握我的手，這不是普通的打招呼，他的手掌藏了二十美元。他滑過給我，並說：「帶你太太去餐廳吃飯。」那不是多大的錢，卻是我所收過、意義最重大的禮物。他稱之為「聖靈降臨節的握手」。

多年來，我一直努力用我個人的方式翻轉那份祝福。有時是直接來個「聖靈降臨節的握手」，像我收到的那樣；有時是留下比帳單更多的錢做為小費；有時候是掉個兩美元讓小孩發現。聽起來很粗心，但我是跟《聖經》中慷慨的富人波阿斯學的；他指示收割的工人故意掉一些麥穗讓寡婦路德撿拾。[2]

這些舉動和「謝謝」有什麼關係？如果你的生命充滿感恩，怎麼去就怎麼來，那你的慷慨之舉最終會迎頭趕上你。這是比例原則——「你們要給人，就必有給你們的」[3]，也就是互惠法則。你無法破壞比例原則，而你的成敗就取決與此。要怎麼收穫，就怎麼栽。但種子為何？所有事物都可以。簡單來說，你想收穫什麼、就種下什麼。

千真萬確：若你一無所有，是因為你沒向神請求，但只是開口就太空虛了。最有效的請求是給予！所羅門王說：「人的禮物，為他開路，引他到高位的人面前。」[4]銷售專家魯林（John Ruhlin）在他的書《送禮學》（*Giftology*）中提到，某個團體想要訪問某大高階主管，但花了一年半，嘗試各種方法，都沒有成功。魯林調查後，發現這位高階主管是明尼蘇達大學的畢業生。他說：「於是我們找了一家專營客製化家具的公司，請他們把明尼蘇達大學美式足球隊的吉祥物『地鼠』和戰歌刻在一塊長一百六十公分、重二十七公斤的櫻桃木上。」[5]不到一天，這位主管的助理就來電安排會議！

但是，請確認及檢查你的動機！如果你的創造力超越你的誠意，就會變成操弄人心。如果你的動機太自私，一定會報應到自己身上。但若你想提升對方的價值，而且沒有附帶條件，交流的大門會更快打開。道謝後，就讓事情順其自然發展。記住，「謝謝」只有真誠才有效果。

此時，請容我提供幾個建議：

一、不要積累財物，而要積累經歷。

我很少遇到被惡魔附身的人，但我很常遇到被財物困擾的人。他們不擁有東西，而是東西擁有他們！

二、提高你的給予標準。

我們憑著所得來過生活，但憑著給予來創造生活。在我們的慷慨之旅中，最具決定性的時刻就是，目標不再設定於要獲得多少，而是要給予多少。焦點從「賺多少」，變成「給多少」。

三、你無法超越上帝的慷慨。

我不相信會讓你「事業成功」的福音。每當你在福音前添加形容詞時，就是在減少它們的價值。你不能把上帝當作吃角子老虎。此外，最大的投資報酬不是金錢，而是無法言喻的喜悅和超乎理解的平安。這些東西無價！

大約十年前，蘿拉和我決定，我寫的書要贈送給每個參加ＮＣＣ的人。書還沒開始賣就送出數千本。抱持匱乏思維的人可能會覺得虧大了，但我抱持豐盛思維，認為給出越多、上帝的祝福就越多！這不是向祂討價還價，而是比例原則。

還有一個重要的法則——寶藏法則。

不要為你自己把寶藏藏在地底，放在那裡被蟲蛀，或被小偷偷走。為你自己把寶藏藏在天堂，那裡蟲不會蛀，小偷也不偷。你的寶藏之所在，就是你的心之所在。[6]

上帝並不需要你的錢！祂擁有千山上的牲畜（那些山也是祂的）。祂不需要你的錢，但祂渴望你的心，這兩者密不可分。金錢問題是心靈問題。正如面孔會告訴身體該有哪些感受；你的金錢也會告訴你的心靈應該珍惜什麼價值。

在大眾生活與文化中，賺多少錢、有多少人為你工作，是我們衡量成功的標準。但在上帝的國度裡，成功的標準是你給予多少、服侍多少人。

想翻轉祝福，就必須擅長感恩！《塔木德》說：「享受這個世界而不表達感恩，就是在侵佔上帝的資源。」[7]

語言學家不斷在辯論：「言語『反映』心理狀態，還是『引起』心理狀態？」[8]我站在後者的陣營。言語不僅創造世界，也創造我們的心理狀態。一個簡單的「謝謝」可以改變你的觀點以及周邊的氛圍。

一說到「敬拜」，許多人會想到在教會的活動，如看著螢幕唱聖歌。我們在天堂裡也會如此高歌，但這只是敬拜的一個層面。對我來說，敬拜最真實、最純粹的形式，不是唱別人寫的歌，而是用我自己的話，以我自己的方式讚美上帝！所以我有一本感恩日記，除了用來捕捉我的思想，也讓它順服基督。對我來說，「謝謝」是屬靈的紀律。

「凡事謝恩。這是上帝在基督耶穌裡向你們所定的旨意。」[9]

「當稱謝進入他的門，當讚美進入他的院。」[10]

「各樣美善的恩賜和各樣全備的賞賜都是從上頭來的。」[11]

「我們應當靠著耶穌，常常以頌讚為祭獻給神。」[12]

「你們要向耶和華唱新歌！」[13]

我的第一份工作是在加油站，時薪只有最低工資。我的工作內容包含盤點庫存，統計賣出的東西，否則就不能補貨。同樣的，寫感恩日記是我們盤點自己所受到的祝福，唯有如此，我們才能翻轉祝福。

再強調一遍：言語創造世界。喜悅不是得到你所想要的，而是欣賞你所擁有的！貝肖爾（Kenton Beshore）牧師說：「我想要的，就是我所擁有的。」[14]每天都值得對自己這麼說！

感恩不只是回頭看，也是帶著神聖的期待向前看。耶穌如何忍受在十字架上的痛苦？專注於「擺在前面的喜樂」。所以我們仰望「為我們信心創始成終的耶穌」。[15]

心理學家芭絲苔（Dr. Emily Balcetis）研究了奧運選手的巔峰表現。有趣的是，當選手全心專注於終點線時，會感覺到距離縮短了百分之三十，跑的速度提高了百分之二十三，消耗的力氣減少百分之十七。[16]簡而言之，焦點決定了你的現實！

調整焦點的最好方法是計算你擁有的祝福，接著把它們分給其他人！外在環境可能不會改變，但你的內在態度會。為什麼？因為你會充滿感恩。

在詮釋學中，有一個概念稱為「詮釋視域」（interpretive horizon）。一本書開頭的句子，能鎖定讀者的視域。梅爾維爾的《白鯨記》開場白很經典：「叫我以實瑪利。」狄更斯的《雙城記》也很不錯：「那是最好的時代，那是最壞的時代。」開頭的句子為我們提供立足之地，讓我們一窺事物的可能發展。當然，沒有什麼比得上《創世紀》第一章第一節：「起初，上帝創造天地。」

「謝謝」是上帝祝福的起源和啟示。「謝謝」擴展我們對於生活的詮釋視域。向上帝和他人致謝讓感恩循環，還能創造善的循環，而冷漠會阻止祝福流動。我們受到祝福，是為了祝福他人！心懷感恩、翻轉祝福，讓我們成為上帝傳愛的媒介。

我的孩子還很小的時候，我讀到這段文字，標題是「幼兒的財產觀點」：

只要我喜歡，就是我的。

可以從你那裡拿走的，就是我的。

看起來像是我的，就是我的。

只要我先看到，就是我的。

若你玩得很開心，就是我的。

你放下了，就是我的。

壞了，就是你的。

根據《塔木德》，四種思維區分了四種人：

你的是我的。
你的是你的。
我的是我的。
我的是你的。

第一種人是索取者，第二和第三種人是分配者，第四種人是給予者。根據《塔木德》的說法，最後一種人是聖人。[17]

你是哪種人？索取者？分配者？給予者？

記得那個將他的午餐「五餅二魚」給耶穌的男孩？將你所擁有的放在上帝的手上，五加二就不再等於七！而是倍數成長：五魚二餅餵飽五千人，還剩十二籃。剩下的比原有的還多。怎麼可能？

多數人都有類似的煩惱，經常抱怨自己有多匱乏。我說錯了嗎？但耶穌沒有那麼做，是吧？

望著天，祝福。[18]

祂做了什麼？祝福眾生！

不要為了你沒有的事物而抱怨，而是為你擁有的東西讚美上帝。同樣的，不要為了你不能做的事情而氣餒，你還有許多能做的事情。大多數人認為，如果自己擁有更多，就會更感恩、更慷慨。我愛他們，但我不會接受這種主張。感恩從這裡開始、從現在開始。

盤點祝福。

翻轉祝福。

然後再來一次。

第十五章
重啟人生的三句話

你從來沒有與一個平凡的人交談過。

——C S路易斯，〈榮耀的重量〉（The Weight of Glory）

一九六八年十二月，阿波羅八號成功脫離地球軌道，繞行月球十次。這個任務是個里程碑，為隔年登陸月球鋪路。聖誕節前夕，太空人安德斯（Bill Anders）看到地球從地平線升起，於是拿起他的哈蘇相機，開始拍攝。這次任務的目的是確定月球上能著陸的地點，因此他們在太空船上配備高解析度的相機。安德斯用這台相機拍了一張代表照：地出（Earthrise）。

這張照片勝過千言萬語！

就像照鏡子一樣，我們因此見識了地球的全貌。一九六八年的聖誕節，詩人麥克利什（Archibald MacLeish）描述這張照片：「如實看到地球，小巧、藍色，漂浮在永恆的寂靜之中。我們就像共同搭乘這艘飛船的旅客。」[1]

太空人離開地球的大氣層，才能一窺我們居住的星球，它就像某種靈魂出竅的體驗，稱為「總觀效應」(overview effect)。外太空的視角改變了太空人內心的空間！心理學家分析一百多名太空人的訪談、資料和自傳，歸納出總觀效應的特點。亞當・格蘭特總結道：「從太空回來後，太空人較不專注於個人的成就和幸福，反而更關心全體利益。」[2]阿波羅十四號的隊員埃德加・米契（Edgar Mitchell）這樣形容：「你會立刻產生全球意識……對世界現狀強烈不滿，迫切想要採取行動。」[3]

總觀效應的重點是看到整體圖像。我們與地球上的每個人分享共同的土地，我還可以加上：共同的恩典。這是一種典範轉移，也就是用新的角度透視我們的星球。

我們是否過於在乎於彼此的差異，怎麼挑也挑不完？

試試看，轉而專注於我們所承載的上帝形像，也就是共同的身分。

轉變焦點可以改變一切，甚至可以消弭敵隊球迷之間的差距。亞當・格蘭特在暢銷書《逆思維》(*Think Again*)中提到：

在一項實驗中，心理學家找來曼聯足球隊的球迷，分成兩組，並分別交派一個簡單的作文題目。然後，實驗人員設計一個緊急情況。他們安排一個正在跑步的人失足摔倒，並放聲大叫，佯裝扭傷腳踝。不過，此人身上穿的T恤是曼聯的世仇球隊。這兩組曼聯的球迷會停下來幫助他嗎？

第一組球迷才剛寫完「為什麼我喜愛曼聯」，當中只有百分之三十的人會出手幫助。第二組球迷則是回答「我與其他球迷的共同處」，當中有百分之七十的人會設法幫忙。[4]

還記得康納曼的話嗎？「人總是複雜而且有趣！」這是一個很好的起點，但讓我再深入補充一點：每個人都是無價的，而且不可替代。《塔木德》說：「根據《聖經》

的說法，破壞一個人的生命，就是破壞整個世界；拯救一個生命，就是拯救整個世界。」[5]

CS路易斯說：「沒有平凡的人。你從來沒有與一個平凡的人交談過。我們每天開玩笑、一起工作、與之結婚、斥責、甚至剝削的人們，都是不朽的靈魂。」[6]《聖經》中有個傳遞性規則，教導我們如何對待他人：

「我們像接待天使一樣接待客旅。」[7]

「我們像服事耶穌本人一樣服事別人。」[8]

路易斯還補充說明道：「這不意謂我們必須一直保持嚴肅。玩樂是必須的，但必須建立在平等的基礎上；也就是認真對待彼此，不輕率、沒有優越感、沒有預設立場。」[9]

正如我們所見，祝福是上帝最古老的本能，也是我們最深切的渴望。聖奧古斯丁如此祈禱：「我們的心在神裡安息之前，是不安寧的。」[10]數學家巴斯卡則寫道：「每個人的心中，都有一個神形狀的空洞。」[11]教宗方濟各也談到人們對神的懷念。[12]無論你選擇哪種標籤，都是我們內在的神的形像。我們由神創造，為了神而存在。

每件衣物標籤上都會顯示製造地點——加拿大、墨西哥、美國。而人類身上的標籤則寫著「按照神的形像製造」。你是上帝的傑作，感恩的神學始於此，也止於此。

我們追求的，是一種稱為shalom的東西，唯有它能填滿人心中神形狀的空洞。或者我應該說，shalom是上帝充滿我們心靈的副產品。在希伯來語中，這個字的意思是「平安」，是日常的問候語，傳達對健康、財富和繁榮的祝福。當然，這多少有點將複雜的神學概念簡化為陳詞濫調，所以讓我擴大視角。shalom是一切事物恢復到「原廠設定」的狀態，是墮落之前的伊甸園，宛如《聖經》所描述的天堂。在上帝對人的詛咒消除後，我們將會完全體驗這個層次。

我們傾向將平安看作「情緒均衡」，也不想低估這個內在層面。不過，shalom是超乎理解的平安，是風暴中的平靜。但平安不僅僅是一種情緒，也是一個「人」！記得那個代表性的時刻嗎？耶穌停止了加利利的海上風暴。他斥責風，對海浪說：「住了罷、靜了罷。」[13]是誰做到的呢？我來告訴你，就是「和平君王」耶穌！

本質上，shalom是關係的和諧，它由四個維度組成：

與上帝的正確關係；
與自己的正確關係；
與他人的正確關係；
與所造之物的正確關係。

第一個維度是與上帝的正確關係，是正北。《西敏要理問答》（*Westminster Catechism*）的第一條說：「人最主要、最崇高的目的就是榮耀神，完全以祂為樂，直到永遠。」[14]「榮耀上帝」很容易理解，但「以祂為樂」就很難掌握了。約翰・派珀

（John Piper）牧師稱之為「基督宗教享樂主義」（Christian hedonism）。這聽起來像個不恰當的名稱，但它是一種信念，即上帝的最終目標和我們最深的欲望是同一件事！派珀說：「神在我們身上得到的最大榮耀，就是我們住在祂裡面而感到滿足。」[15]

你有多喜歡與上帝的關係？這不容易衡量，卻是靈性成熟度的準確指標。與上帝的關係變好，是享受祂說的話，享受與祂同在，以及一切有助我們親近祂的事物。

與上帝擁有正確關係，關鍵是祂的義。「神使那無罪的，替我們成為罪，好叫我們在祂裡面成為神的義。」[16]「宗教」可理解為「做」——一切都關乎你能為上帝做什麼；「基督宗教」可理解為「完成」——一切都關乎基督在十字架上為你完成的事。

當我們與上帝的垂直關係失調時，就會有偶像崇拜的問題。我們尋求次要的神，並滿足於十五分鐘的名望，甚至大玩指責和羞辱的遊戲。偶像就是你愛得比神多、信任得比神多、渴望得比神多的一切事物。約翰・喀爾文說得沒錯：「人的本性……是不斷創造偶像的工廠。」[17]

那些偶像在四個shalom的維度中都會引起麻煩。陶恕說：「對神的低估……是百害的原因。」他強調：「對神有正確信仰的人，會免除萬千個世俗煩惱。」[18]

shalom的第二個維度是與自己的正確關係，是正南。偶像崇拜的問題在這裡變成認同問題。如果我們在偶像中找到認同，就是在建造紙牌屋。我們不是依靠基督的義來安息，而是用自以為是的想法來拯救自己。雖然你做了不少善行，但卻將十字架排除在方程式之外。

我有一個認同理論，看似違反直覺，卻是真的，即「擁有越多，自我認同的問題就越多」。為什麼？因為你更容易在自己與上帝的關係之外找到認同。你所獲得的學位、賺取的金錢或努力鍛煉的體格都沒有問題，但一旦你將認同或安全感歸屬這些事物，你就越界了。屬靈的恩賜也一樣。上帝的恩賜最好用於榮耀祂，而不是你自己。否則，這些偶像就會變成虛假的認同和安全感。

shalom的第三個維度是與他人的正確關係。在我裡面的上帝的形像，與在你裡面的上帝的形像相遇。神學上的「自尊」(dignity)便由此出發。世界上從未有過，也永遠不會有人像你一樣；這不是對你存在的證明，而是彰顯創造你的上帝。這件事情的重大意義在於：沒有人可以像你或為你敬拜上帝，也沒有人能代替你的位置！

大多數的人都不知道監獄和牢房內部的樣子，但我們其實像囚犯一樣，困在過去的經歷當中。我們讓仇敵在心理上勒索我們。更糟的是，我們將自己的痛苦投射到別人身上，導致多重裂痕。

書的書名若是取得好，我會很喜歡，而吉里奧（Louie Giglio）牧師最近的著作就是如此：《勿讓仇敵跟你共桌》（*Don't Give the Enemy a Seat at Your Table*）。這是什麼意思？我認為：

如果你無法寬恕他人，就是讓仇敵跟你共桌。

如果你老是在抱怨或在背後講八卦，就是讓仇敵跟你共桌。

如果你很容易被激怒，就是讓仇敵跟你共桌。

如果你讓恐懼決定你的決策，就是讓仇敵跟你共桌。

還有一個可能不那麼明顯的情況：如果你不感恩，就是讓仇敵跟你共桌。

重點是什麼？感恩讓你的罪得到寬恕，並得以放下。如果你沒有其他值得感恩的，仍可以感恩十字架！仍然可以感恩耶穌復活後的空墓。你的未來如上帝應許的一樣光明。當仇敵當面提起你的過去時，你就提醒對方他的未來！

shalom的第四個維度是與所造之物的正確關係，我們需要避免兩個錯誤。第一是崇拜所造之物；第二是濫用我們應該好好照顧的造物。我們應當完成「大使命」，注重耶穌的最後命令，也不要忘記創造的使命：

要生養眾多，遍滿地面，治理這地，也要管理海裡的魚、空中的鳥和地上各樣行動的活物。[19]

如何治理這地？首先，要享受它。我喜歡上帝對自己創造之物的反應：「神看著是好的。」[20]這句簡單的話在創世記中出現五次。然後在第六天，幾乎就像某人正在體驗總觀效應，上帝退後一步，檢視祂的創造整體：「神看著一切所造的都甚好。」[21]

上帝為自己的創造驚嘆不已！

你上次什麼時候後退一步，欣賞日出？

你上次什麼時候仰望星辰？

你上次什麼時候以一個簡單的微笑讚揚上帝的恩典？

記得那十個長大痲瘋的人嗎？耶穌醫治他們。十人的身體疾病都被治癒，但只有一人被治癒了更嚴重的病——缺乏感恩的心。正是那位痲瘋病人回來，俯伏在耶穌腳前，感謝祂的奇蹟！[22]

很多人以為，如果亞當和夏娃沒有吃下分別善惡樹的果子，他們就會永遠留在伊甸園，但我認為這是對經文的錯誤解讀。上帝會邀請亞當和夏娃去探索。伊甸園以外的一切都是未知的領土，他們可以朝任何方向行走四萬公里（赤道的長度），但不會看到重複的風景，還有五億一千又十萬平方公里的土地等待探索。鑽研、了解和享受上帝所創造的一切，就能榮耀上帝。當然，我們也要為未來的世代照顧好這一切！

星象學家繪製星星、基因學家繪製人類基因圖譜、醫學專家研究帕金森氏症、海洋學家探索大堡礁、鳥類學家保存稀有鳥類、物理學家找出夸克、化學家研究分子結構——他們都有一個共同點：都是探險家。他們都在實現創造的使命。他們出於正當理由並得到正向的回饋，這樣的探索就是在榮耀上帝、認識上帝，進而使更多人理解神的作為。

shalom是你與上帝、自己、他人、所造之物的正確關係。三位一體構成了這種關係的和諧。我們相信有一位上帝，祂是三位一體，就像三部和聲，而早期的神學家稱之為「互滲相寓」（perichoresis）。這是聖父、聖子和聖靈之間精心編排的舞蹈；三位一體是動態的shalom。

那這與「請、對不起、謝謝」有什麼關係呢？

這三個神奇的詞也是三部和聲：

親切的「請」會打開人們的心靈、思想、門戶。

簡單的「對不起」可以修復破裂的關係。

真誠的「謝謝」是滾動感恩的齒輪。

掌握它們，生活將成為一段精心編排的舞蹈，充滿愛、喜悅、和平。

神學家普蘭丁格（Cornelius Plantinga）說：「罪是對shalom的干擾，應受譴責。」確實如此，而且我認為，「請、對不起、謝謝」是恢復shalom的方法，也是重啟人生的方式，讓我們回到原點、再出發。

想改變生活，就必須改變你的言語。

言語創造世界！

何不從「請、對不起、謝謝」開始呢？

HarperOne, 2001), 46.
7. 《希伯來書》13:2。
8. 《馬太福音》25:40；《以弗所書》6:7。
9. Lewis, "The Weight of Glory," 46.
10. Augustine, *Confessions*, trans. and ed. Henry Chadwick (Oxford: Oxford University Press, 2008), 3.
11. Blaise Pascal, *Pensées*, trans. A. J. Krailsheimer, rev. ed. (London: Penguin Books, 1995), 45.
12. Pope Francis, "Nostalgia for God" (message, *Domus Sanctae Marthae*, Vatican City, October 1, 2015), www.vatican.va/content/francesco/en/cotidie/2015/documents/papa-francesco-cotidie_20151001_nostalgia-for-god.html.
13. 《馬可福音》4:39。
14. The Westminster Shorter Catechism, 1647, www.westminsterconfession.org/resources/confessional-standards/the-westminster-shorter-catechism.
15. John Piper, *Desiring God: Meditations of a Christian Hedonist*, rev. ed. (Colorado Springs, Colo.: Multnomah Books, 2011), 288.
16. 《哥林多後書》5:21。
17. John Calvin, *Institutes of the Christian Religion*, ed. John T. MacNeill, trans. Ford Lewis Battles (Philadelphia: West- minster, 1960), 1:108.
18. A. W. Tozer, *The Knowledge of the Holy* (New York: Harper Collins, 1961), vii, 2.
19. 《創世紀》1:28。
20. 《創世紀》1:10, 12, 18, 21, 25。
21. 《創世紀》1:31。
22. 《路加福音》17:11–19。
23. Cornelius Plantinga, Jr., *Not the Way It's Supposed to Be: A Breviary of Sin* (Grand Rapids, Mich.: Eerdmans, 1996), 18.

25. A. W. Tozer, *The Pursuit of God* (Chicago: Moody, 2006), 47.
26. A. J. Jacobs, *Thanks a Thousand: A Gratitude Journey* (New York: TED Books, 2018), 109.

第十四章

1. David B. Strohmetz et al., "Sweetening the Till: The Use of Candy to Increase Restaurant Tipping," *Journal of Applied Social Psychology* 32, no. 2 (February 2002): 300–309, https://onlinelibrary.wiley.com/doi/abs/10.1111/j.1559-1816.2002.tb00216.x.
2. 《路得記》2:16。
3. 《路加福音》6:38。
4. 《箴言》18:16。
5. John Ruhlin, *Giftology: The Art and Science of Using Gifts to Cut Through the Noise, Increase Referrals, and Strengthen Client Retention*, 2nd ed. (self-pub., 2018), 74.
6. 《馬太福音》6:19–21。
7. Hayim Nahman Bialik and Yehoshua Hana Ravnitzky, eds., *The Book of Legends: Legends from the Talmud and Midrash*, trans. William G. Braude (New York: Schocken Books, 1992), 533:250.
8. James W. Pennebaker, *The Secret Life of Pronouns: What Our Words Say About Us* (New York: Bloomsbury, 2011), 14.
9. 《帖撒羅尼迦前書》5:18。
10. 《詩篇》100:4。
11. 《雅各書》1:17。
12. 《希伯來書》13:15。
13. 《詩篇》96:1。
14. Kenton Beshore, "Thanksgiving in Living" (sermon, Mariners Church, Irvine, Calif., November 22, 2020), www.youtube.com/watch?v=RmZUwUZv0qw.
15. 《希伯來書》12:2。
16. Emily Balcetis, "Why Some People Find Exercise Harder Than Others," TED, www.ted.com/talks/emily_balcetis_why_some_people_find_exercise_harder_than_others/transcript.
17. Pirke Avot 5:10, in *Pirke Avot: A Modern Commentary on Jewish Ethics*, trans. and ed. Leonard Kravitz and Kerry M. Olitzky (New York: UAHC, 1993), 82.
18. 《馬太福音》14:19。

第十五章

1. Archibald MacLeish, "A Reflection: Riders on Earth Together, Brothers in Eternal Cold," *New York Times*, December 25, 1968, www.nytimes.com/1968/12/25/archives/a-reflection-riders-on-earth-together-brothers-in-eternal-cold.html.
2. Adam Grant, *Think Again: The Power of Knowing What You Don't Know* (New York: Viking, 2021), 128.
3. Edgar Mitchell，引述於 Grant, *Think Again*, 128.
4. Grant, *Think Again*, 129.
5. Mishnah Sanhedrin 4:5; Yerushalmi Talmud 4:9.
6. C. S. Lewis, "The Weight of Glory," in *The Weight of Glory: And Other Addresses* (New York:

11. Scott Bolinder and Jill Bolinder，引述於 Les Parrott and Leslie Parrott, *Becoming Soul Mates: Cultivating Spiritual Intimacy in the Early Years of Marriage* (Grand Rapids, Mich.: Zondervan, 1995), 17.
12. 《民數記》11:5。

第十三章

1. Esther B. Fein, "Influential Book," *New York Times*, November 20, 1991, www.nytimes.com/1991/11/20/books/book-notes-059091.html.
2. Viktor E. Frankl, *Man's Search for Meaning* (Boston: Beacon, 2014), 62.
3. Adam Grant, "There's a Name for the Blah You're Feeling: It's Called Languishing," *New York Times*, April 19, 2021, www.nytimes.com/2021/04/19/well/mind/covid-mental-health-languishing.html.
4. 《列王記上》19:4。
5. Friedrich Nietzsche，引述於 *Man's Search for Meaning*, 97.
6. 《出埃及記》17:8–16。
7. 《列王記上》19:4。
8. 《箴言》29:18。
9. C. G. Jung, *Commentary on "The Secret of the Golden Flower," in Alchemical Studies*, trans. R. F. C. Hull (Prince- ton, N.J.: Princeton University Press, 1983), 15.
10. 《出埃及記》6:9。
11. 《出埃及記》6:9。
12. 《詩篇》23:6。
13. 《以弗所書》2:10。
14. 謝謝Jim Collins對史托克戴爾矛盾（The Stockdale Paradox）的說明。見 "The Stockdale Paradox," Jim Collins, www.jimcollins.com/concepts/Stockdale-Concept.html.
15. 《哥林多前書》8:1。
16. Richard Restak, *Mozart's Brain and the Fighter Pilot: Unleashing Your Brain's Potential* (New York: Three Rivers, 2001), 92.
17. Bec Crew, "Fish Have Been Recorded Singing a Dawn Chorus—Just like Birds," *ScienceAlert*, September 22, 2016, www.sciencealert.com/fish-have-been-recorded-singing-a-dawn-chorus-just-like-birds.
18. George Sranko, "Why Do Octopus Have 3 Hearts, 9 Brains, and Blue Blood? Smart Suckers!," *BioGeoPlanet*, https://biogeoplanet.com/why-do-octopuses-have-9- brains-8-arms-3-hearts-and-blue-blood-surprising-facts.
19. Joe Lowe, "Favorite Bird Sounds and Songs in the United States," American Bird Conservancy, April 6, 2019, https://abcbirds.org/blog/favorite-bird-sounds-songs- united-states.
20. Gareth Huw Davies, "Bird Songs," PBS, www.pbs.org/lifeof birds/songs.
21. "Bobolink Range Map," All About Birds, www.allabout- birds.org/guide/Bobolink/maps-range; "Bobolink Sounds," All About Birds, www.allaboutbirds.org/guide/Bobolink/sounds.
22. 《啟示錄》5:13。
23. Leonard Sweet, *A Cup of Coffee at the Soul Cafe* (Nashville: Broadman & Holman, 1998), 65.
24. 《羅馬書》1:20。

10. Walter Hagen，引述於 Grantland Rice, *The Tumult and the Shouting: My Life in Sport* (New York: A. S. Barnes, 1954), 73.
11. 《馬太福音》6:28。

第十一章

1. Sam Kean, *Caesar's Last Breath: Decoding the Secrets of the Air Around Us* (New York: Back Bay Books, 2018), 75.
2. Kean, *Caesar's Last Breath*, 66.
3. Kean, *Caesar's Last Breath*, 9.
4. Walter Loeb, "How Amazon Could Speed Up by Dumping USPS," Forbes, May 12, 2022, www.forbes.com/sites/walterloeb/2022/05/12/amazon-may-replace-usps-as-a- delivery-agent/?sh=30c3c63562db.
5. Tatsuro Yoshida, Michael Prudent, and Angelo D'Alessandro, "Red Blood Cell Storage Lesion: Causes and Potential Clinical Consequences," PMC, *Blood Transfusion* 17, no. 1 (January 2019): 27–52, www.ncbi.nlm.nih.gov/pmc/articles/PMC6343598.
6. Kean, *Caesar's Last Breath*, 9.
7. Kean, *Caesar's Last Breath*，書籍描述，https:// samkean.com/books/caesars-last-breath.
8. 《詩篇》150:6。
9. 《馬可福音》8:22–25。

第十二章

1. Wilson Bentley，引述於 "First Photograph of a Snowflake," Guinness World Records, www.guinnessworldrecords.com/world-records/606626-first-photograph-of-a-snowflake.
2. Alexis Stempien, "Are All Snowflakes Really Different? The Science of Winter," Smithsonian Science Education Center, December 16, 2015, https://ssec.si.edu/stemvisions-blog/are-all-snowflakes-really-different-science-winter.
3. "Inuktitut Words for Snow and Ice," *The Canadian Encyclopedia*, last modified December 14, 2017, www.thecanadianencyclopedia.ca/en/article/inuktitut-words-for-snow-and-ice.
4. John Tierney and Roy F. Baumeister, *The Power of Bad: And How to Overcome It* (London: Penguin Books, 2021), 8.
5. 《詩篇》29:1。（編按：這一節經文出自無中文版的《信息本聖經》。）
6. Thomas Carlyle, "The Hero as Divinity," in *Sartor Resartus, and On Heroes, Hero-Worship and the Heroic in History* (London: Macmillan, 1920), 265.
7. M. J. Ryan, *Attitudes of Gratitude: How to Give and Receive Joy Every Day of Your Life* (York Beach, Maine: Conari, 1999), 75–76.
8. John O'Donohue, *Anam Cara: A Book of Celtic Wisdom* (New York: Cliff Street Books, 1998), 90.
9. Plinio Apuleyo Mendoza and Gabriel García Márquez, *The Fragrance of Guava* (London: Verso, 1983), 23.
10. FamilyLife, "On Average, Married Couples Communicate Only 27 Minutes Per Week," Facebook, April 24, 2019, https://m.facebook.com/permalink.php?story_f bid= 10155923237231249&id=39717321248.

18. 《馬太福音》22:37–39。
19. 《雅各書》4:6。
20. 《羅馬書》8:1。
21. Mike Foster, *People of the Second Chance: A Guide to Bringing Life-Saving Love to the World* (Colorado Springs, Colo.: WaterBrook, 2016), 7.

第十章

1. Corrie ten Boom, *Tramp for the Lord* (Fort Washington, Pa.: CLC, 2011), 55–57.
2. 《約書亞記》5:9。
3. Bradford Veley, "Stuffed," https://bradveley.com/stuffed.
4. 《哥林多前書》2:9–10.
5. "Stunning Details of Brain Connections Revealed," ScienceDaily, November 17, 2010, www.sciencedaily.com/releases/2010/11/101117121803.htm.
6. 《雅歌》2:15。
7. 《馬太福音》11:30。
8. 《以弗所書》4:30–32。
9. R. T. Kendall, T*otal Forgiveness: When Everything in You Wants to Hold a Grudge, Point a Finger, and Remember the Pain—God Wants You to Lay It All Aside*, rev. ed. (Lake Mary, Fla.: Charisma House, 2007), 6.
10. Kendall, *Total Forgiveness*, 42.
11. 《箴言》19:11。
12. 《使徒行傳》7:60。
13. Huston Smith, *The World's Religions: Our Great Wisdom Traditions* (San Francisco: HarperSanFrancisco, 1991), 40.

第三篇：「謝謝」的神學

1. Susan Rhoads, "The Difference Between Gratitude and Thankfulness," PMC, www.psychmc.com/articles/difference-between-gratitude-and-thankfulness.
2. 《雅各書》1:17。
3. Abraham Kuyper，引述於 Roger Henderson, "Kuyper's Inch," *Pro Rege* 36, no. 3 (March 2008): 12, https:// digitalcollections.dordt.edu/cgi/viewcontent.cgi?article=1380&context=pro_rege.
4. Arsenio Rodriguez, "The Encounter: The Constant Motion of the Machinery of Life," *Feature*, May 2, 2021, www.meer.com/en/65608-the-encounter.
5. "Brain, Eyes and Computers: Peek at 1998 Moravec Book, Chapter 3," https://frc.ri.cmu.edu/~hpm/book97/ch3/ retina.comment.html.
6. G. K. Chesterton, *The Autobiography of G. K. Chesterton* (San Francisco: Ignatius, 2006), 325.
7. G. K. Chesterton, *Orthodoxy* (Chicago: Moody, 2009), 92.
8. Phil Cousineau, *The Art of Pilgrimage: The Seeker's Guide to Making Travel Sacred* (Newburyport, Mass.: Conari, 2021).
9. Elizabeth Barrett Browning, "Aurora Leigh," in *Aurora Leigh, and Other Poems* (New York: James Miller, 1866), 265.

15. 《馬太福音》13:57–58。
16. Michele Killough Nelson, "A New Theory of Forgiveness" (PhD diss., Purdue University, 1992), https://docs.lib.purdue.edu/dissertations/AAI9229170.
17. 《馬太福音》5:23–24。

第八章

1. Stephen R. Covey, *The 7 Habits of Highly Effective People: Powerful Lessons in Personal Change* (New York: Free Press, 2004), 30–31.
2. Covey, *7 Habits*, 31.
3. Brené Brown, *The Gifts of Imperfection*, 10th anniversary ed. (Center City, Minn.: Hazelden, 2020), 71.
4. Frederick Buechner, *The Alphabet of Grace* (New York: Harper & Row, 1989), 14.
5. Buechner, *The Alphabet of Grace*, 14.
6. Henry Wadsworth Longfellow, "Table-Talk," in *The Works of Henry Wadsworth Longfellow* (Boston: Houghton, Mifflin, 1886), 405.
7. 《約伯記》42:10。
8. 《羅馬書》5:8。

第九章

1. 《馬太福音》7:1。
2. 《馬太福音》7:3–5。
3. Ice Cube, "Check Yo Self," track 13 on *The Predator*, UMG Recordings, 1992.
4. Frank Sesno, *Ask More: The Power of Questions to Open Doors, Uncover Solutions, and Spark Change* (New York: AMACOM, 2017), 1.
5. Sesno, *Ask More*, 58.
6. Sesno, *Ask More*, 74–76, 222; 91, 213–15; 158–60, 234.
7. *Tommy Boy*, directed by Peter Segal (Los Angeles: Paramount Pictures, 1995).
8. Roman Russo, "Remember the Losada Ratio of 2.9013 If You Want to Be Happy," Optimal Happiness, December 3, 2020, https://optimalhappiness.com/losada-ratio-losada-line-29013/#:~:text=Losada%20Ratio%20states%20that%20for,we%20are%20unhappy%20and%20languishing.com.
9. 《希伯來書》4:15。
10. 《路加福音》4:1–13。
11. 《約翰福音》1:14。
12. Kim Scott, *Radical Candor: Be a Kick-Ass Boss Without Losing Your Humanity* (New York: St. Martin's, 2017), 9–10.
13. Scott, *Radical Candor*, 32.
14. 《約翰福音》8:7。
15. 《約翰福音》8:11。
16. 《約翰福音》11:21, 32。
17. 《約翰福音》11:43。

Conn.: Yale University Press, 2012), chap. 11.
14. 《馬太福音》18:22。
15. Lewis B. Smedes, *Forgive and Forget: Healing the Hurts We Don't Deserve* (San Francisco: HarperSanFrancisco, 1996), x.

第六章

1. "Life Expectancy," National Center for Health Statistics, CDC, March 25, 2022, www.cdc.gov/nchs/fastats/life-expectancy.htm.
2. Morrie Schwartz，引述於Mitch Albom, *Tuesdays with Morrie: An Old Man, a Young Man, and Life's Greatest Lesson* (New York: Broadway Books, 2017), 121.
3. Roland H. Bainton, *Here I Stand: A Life of Martin Luther* (New York: Meridian, 1995), 41.
4. 《耶利米哀歌》3:23。
5. 《雅各書》5:16。
6. 《約書亞記》5:9。
7. 《約珥書》2:25。
8. 《出埃及記》2:6。
9. 《創世紀》45:1–2。
10. 《創世紀》27:38。
11. 《馬太福音》26:75。
12. 《約翰福音》11:35。
13. Helen Ernst, "Try Tears," Make the Vision Plain (blog), https://makethevisionplain.com/try-tears.
14. Corey Russell, *The Gift of Tears* (Lewisville, Tex.: Nasharite, 2021), 6.
15. Russell, *The Gift of Tears*, 41.

第七章

1. R. T. Kendall, *Total Forgiveness: When Everything in You Wants to Hold a Grudge, Point a Finger, and Remember the Pain—God Wants You to Lay It All Aside*, rev. ed. (Lake Mary, Fla.: Charisma House, 2007), 3–4.
2. 《馬太福音》6:12。
3. 《馬太福音》6:14。
4. 《路加福音》23:34。
5. 《馬太福音》18:22。
6. 《約翰福音》19:30。
7. 《哥林多後書》5:21。
8. 《約翰福音》18:10。
9. 《路加福音》22:50–51。
10. 《約翰福音》2:1–10。
11. 《馬太福音》14:22–27。
12. 《馬可福音》10:46–52。
13. 《約翰福音》11:1–44。
14. Kendall, *Total Forgiveness*, 87.

16.《馬太福音》3:17。
17.《馬太福音》10:12–13。
18. Bob Goff, *Everybody Always: Becoming Love in a World Full of Setbacks and Difficult People* (Nashville, Tenn.: Nelson Books, 2018).
19.《路加福音》7:39。
20.《馬可福音》14:9。
21. Laurie Beth Jones, *Power of Positive Prophecy: Finding the Hidden Potential in Everyday Life* (New York: Hyperion, 1999), ix.
22. Randy Frazee, *His Mighty Strength: Walk Daily in the Same Power That Raised Jesus from the Dead* (Nashville, Tenn.: Nelson Books, 2021), 48.
23.《詩篇》119:11。
24.《提摩太前書》4:4–5。
25.《希伯來書》4:12。
26.《提摩太後書》3:16。
27.《耶利米書》1:12。
28.《以賽亞書》55:11。
29.《羅馬書》10:17。
30.《羅馬書》10:9。

第二篇：「對不起」的科學

1. Graham Greene, *The Power and the Glory* (New York: Penguin Books, 2015), 13–14.
2. Michael Lewis, *The Undoing Project: A Friendship That Changed Our Minds* (New York: W. W. Norton, 2016), 53.
3. Rolf Smith, *The Seven Levels of Change: The Guide to Innovation in the World's Largest Corporations* (Arlington, Tex.: Summit, 1997), 49.
4. Ralph Waldo Emerson, "August 26," *Everyday Emerson: A Year of Wisdom* (New York: St. Martin's, 2022), 64.
5. Dale Carnegie, *How to Win Friends and Influence People*, rev. ed. (New York: Gallery Books, 2022), 32.
6. Emerson, "January 14," *Everyday Emerson*, 14.
7. 《馬可福音》9:41。
8. 《路加福音》23:34。
9. Rachel Hartigan, "The Epic COVID-19 Memorial on the National Mall, in One Stunning Photo," *National Geographic*, September 30, 2021, www.nationalgeographic.com/culture/article/epic-covid-19-memorial-national-mall-one-stunning-photo.
10. Carnegie, *How to Win Friends*, 184.
11. Tom Jacobs, "Reading Literary Fiction Can Make You Less Racist: New Research Finds a Compelling Narrative Can Help Us Sidestep Stereotypes," PacificStandard, June 14, 2017, https://psmag.com/social-justice/reading-literary-fiction-can-make-less-racist-76155.
12. George Orwell, "Looking Back on the Spanish War," in *Facing Unpleasant Facts: Narrative Essays*, ed. George Packer (Boston: Mariner Books, 2009), 149.
13. Jonathan Glover, *Humanity: A Moral History of the Twentieth Century*, 2nd ed. (New Haven,

Things Are Going in the U.S. Today," Pew Research Center, October 15, 2020, www.pewresearch.org/fact-tank/2020/10/15/64-of-americans-say-social-media-have-a-mostly-negative-effect-on-the-way-things-are-going-in-the-u-s-today.
5. Maria Pengue, "16 Eye-Opening Negative News Statistics You Need to Know," *Letter.ly*, March 29, 2021, https:// letter.ly/negative-news-statistics.
6. Pengue, "16 Eye-Opening Negative News Statistics."
7. 《以弗所書》4:29。
8. *Encyclopaedia Britannica*, s.v. "George Gerbner," www.britannica.com/biography/George-Gerbner.
9. Angela Watercutter, "Doomscrolling Is Slowly Eroding Your Mental Health," *Wired*, June 25, 2020, www.wired.com/story/stop-doomscrolling.
10. 《創世紀》4:9。
11. C. S. Lewis, *The Screwtape Letters* (New York: HarperOne, 2001), 162.
12. 《馬可福音》15:15。
13. 《馬可福音》15:14。
14. 《約翰福音》9。
15. "Diffusion of Innovation Theory," Boston University School of Public Health, September 9, 2019, https://sphweb.bumc.bu.edu/otlt/mph-modules/sb/behavioralchange theories/behavioralchangetheories4.html.
16. 《約翰福音》13:3–4。
17. 《馬太福音》23:11。
18. 《雅各書》4:17。

第五章

1. Sidney Greenberg, *Lessons for Living: Reflections on the Weekly Bible Readings and on the Festivals* (Bridgeport, Conn.: Hartmore House, 1985), 93.
2. Brett Favre (speech, Pro Football Hall of Fame, Canton, Ohio, August 6, 2016), www.youtube.com/watch?v=xoKt_Q9xD0A.
3. 《民數記》12:1。
4. 《耶利米書》1:6。
5. 《耶利米書》1:7。
6. 《耶利米書》1:7。
7. 《馬太福音》5:37。
8. 《馬太福音》12:37。
9. Scott Sauls, *A Gentle Answer: Our "Secret Weapon" in an Age of Us Against Them* (Nashville, Tenn: Nelson, 2020), 14.
10. 《以弗所書》4:29。
11. 《創世紀》27:38。
12. 《創世紀》27:38。
13. 《創世紀》1:28。
14. A. W. Tozer, *The Knowledge of the Holy: The Attributes of God, Their Meaning in the Christian Life* (San Francisco: HarperSanFrancisco, 1961), 1.
15. 《西番雅書》3:17。

15. 《詩篇》84:11。
16. 《馬太福音》7:9–11。
17. 《雅各書》4:2。

第三章

1. Joey Reiman, *Thinking for a Living: Creating Ideas That Revitalize Your Business, Career & Life* (Athens, Ga.: Longstreet, 1998), 77–79.
2. Reiman, *Thinking for a Living*, 158–59.
3. "On Average a Woman Smiles 62 Times a Day; Men Smile Only 8 Times," South Florida Reporter, May 30, 2018, https://southfloridareporter.com/on-average-a-woman-smiles-62-times-a-day-men-smile-only-8-times.
4. Mark Stibich, "10 Big Benefits of Smiling" Verywell Mind, updated September 10, 2022, www.verywellmind.com/top-reasons-to-smile-every-day-2223755.
5. Stibich, "10 Big Benefits of Smiling."
6. 《但以理書》1:12。
7. 《但以理書》1:20。
8. Daniel Goleman, *Emotional Intelligence: Why It Can Matter More Than IQ* (New York: Bantam Books, 2020), 30.
9. 《但以理書》2:14。
10. Marilyn Chandler McEntyre, *Caring for Words in a Culture of Lies* (Grand Rapids, Mich.: Eerdmans, 2009), 54.
11. McEntyre, *Caring for Words*, 44.
12. McEntyre, *Caring for Words*, 45.
13. 《馬可福音》10:51。
14. 《箴言》15:23。
15. 《箴言》27:14。
16. Emily Dickinson, "Tell All the Truth but Tell It Slant," in *Dickinson Poems*, ed. Peter Washington (New York: Alfred A. Knopf, 1993), 18.

第四章

1. James W. Pennebaker, *The Secret Life of Pronouns: What Our Words Say About Us* (New York: Bloomsbury, 2011), 61.
2. Becky Upham, "Facebook Comes Under Fire After Whistleblower and Leaked Documents Reveal Negative Impact on Girls," Everyday Health, October 9, 2021, www.everydayhealth.com/public-health/facebook-comes-under-fire-after-whistleblower-and-leaked-documents-reveal-negative-impact-on-young-girls.
3. Georgia Wells, Jeff Horwitz, and Deepa Seetharaman, "FaceBook Knows Instagram Is Toxic for Teen Girls, Company Documents Show," *Wall Street Journal*, September 14, 2021, www.wsj.com/articles/facebook-knows-instagram-is-toxic-for-teen-girls-company-documents-show-11631620739.
4. Brooke Auxier, "64% of Americans Say Social Media Have a Mostly Negative Effect on the Way

17. 《但以理書》3:1–6。
18. 《撒母耳記上》18:7。
19. 《撒母耳記上》18:8。
20. 《撒母耳記上》18:9。
21. John Damascene引述於 Thomas Aquinas, *Summa Theologiae*, part 2 of part 2, "Question 36. Envy," New Ad- vent, www.newadvent.org/summa/3036.htm.
22. Robert Madu (speech, WAFBEC, Iganmu, Nigeria, January 8, 2021), http://blog.waf bec.org/day-6-evening-session-1-pst-robert-madu.
23. Stephen R. Covey, *The 7 Habits of Highly Effective People: Powerful Lessons in Personal Change* (New York: Free Press, 2004), 207.

第二章

1. Denzel Washington，引述於 Cheyenne Roundtree, "Denzel Washington Pays Tribute to Late Mentor and Friend Sidney Poitier: 'He Opened Doors for All of Us,' " Daily Beast, January 7, 2022, www.thedailybeast.com/denzel-washington-pays-tribute-to-late-mentor-and-friend-sidney-poitier-he-opened-doors-for-all-of-us.
2. Sidney Poitier, "Sidney Poitier Reflects on Lessons from Childhood," interview, ABC News, February 20, 1985, https://abcnews.go.com/Entertainment/video/sidney-poitier-reflects-lessons-childhood-82137840.
3. Winn Collier, *A Burning in My Bones: The Authorized Biography of Eugene H. Peterson* (Colorado Springs, Colo.: Water- Brook, 2021), 155.
4. Eugene H. Peterson, *Under the Unpredictable Plant: An Exploration in Vocational Holiness* (Grand Rapids, Mich.: Eerdmans, 1994), 50.
5. Yvette Alt Miller, "Sidney Poitier and the Jewish Waiter Who Taught Him How to Read," Aish, January 11, 2022, www.aish.com/ci/a/Sidney-Poitier-and-the-Jewish-Waiter-who-Taught-Him-How-to-Read.html.
6. Sidney Poitier，引述於 "Sidney Poitier, First Black Actor to Win Best Actor Oscar, Dies at 94," *Globe and Mail*, January 7, 2022, www.theglobeandmail.com/arts/film/article-sidney-poitier-first-black-actor-to-win-best-actor-oscar-dies-at-94.
7. Sidney Poitier，引述於 Patricia Bosworth, "Sidney Poitier on the Rough Road to Hollywood," *Washington Post*, May 25, 1980, www.washingtonpost.com/archive/entertainment/books/1980/05/25/sidney-poitier-on-the-rough-road-to-hollywood/436a15fe-f67e-4b49-a83c-5cb7412a2e4a.
8. William Osler，引述於 "In Memoriam—Sir William Osler," *Canadian Journal of Medicine and Surgery* 47, no. 3 (March 1920): 116.
9. 《啟示錄》3:20。
10. Aesop, "The North Wind and the Sun," *The Aesop for Children*, Library of Congress, https://read.gov/aesop/143.html.
11. 《以弗所書》4:2。
12. 《羅馬書》2:4。
13. Selena Gomez, "Kill 'Em with Kindness," track 2 on *Revival*, Interscope Records, 2015.
14. 《馬太福音》7:7。

3. John A. Bargh, Mark Chen, and Lara Burrows, "Automaticity of Social Behavior: Direct Effects of Trait Construct and Stereotype Activation on Action," *Journal of Personality and Social Psychology* 71, no. 2 (1996): 233–35.
4. "The 'Magic Words,' " The Emily Post Institute Inc., https://emilypost.com/advice/the-magic-words.
5. "The 'Magic Words,' " The Emily Post Institute Inc.
6. Ajai Prakash, "Christian Herter Was the Governor of . . . ," Sermon Central, February 21, 2008, www.sermoncentral.com/sermon-illustrations/65172/christian-herter-was-the-governor-of-by-ajai-prakash.
7. 《腓立比書》2:3–7。
8. 《馬太福音》7:12。

第一章

1. Jennie Jerome，引述於 Robert Mening, "A Story from a Dinner Party Winston Churchill's Mother Attended Over a Century Ago Illustrates What It Means to Be a Charismatic Leader," October 27, 2016, *Business Insider*, www.businessinsider.com/charismatic-leadership-tips-from-history-2016-10.
2. Benjamin Disraeli，引用於 Dale Carnegie, *How to Win Friends and Influence People*, rev. ed. (New York: Gallery Books, 2022), 116.
3. Francis Schaeffer, in "The Virtue of Listening—Because There Are No Little People ……" The Humanitas Forum on Christianity and Culture, February 3, 2015, https:// humanitas.org/?p=3229.
4. Edith Schaeffer, in "The Virtue of Listening."
5. "Theodore Roosevelt's Libraries," Theodore Roosevelt Center, Dickinson State University, www.theodore rooseveltcenter.org/Learn-About-TR/TR-Encyclopedia/Reading-and-Writing/Roosevelt-Libraries.aspx.
6. Adam Grant, *Give and Take: A Revolutionary Approach to Success* (New York: Viking, 2013).
7. Jim Elliot, *The Journals of Jim Elliot*, ed. Elisabeth Elliot (Grand Rapids, Mich.: Revell, 2002), 174.
8. 《馬太福音》25:40.
9. James W. Pennebaker, *The Secret Life of Pronouns: What Our Words Say About Us* (New York: Bloomsbury, 2011), ix.
10. Grant, *Give and Take*, 36.
11. Grant, *Give and Take*, 36.
12. James W. Pennebaker，引述於 Jessica Wapner, "He Counts Your Words (Even Those Pronouns)," *New York Times*, October 13, 2008, www.nytimes.com/2008/10/14/ science/14prof.html.
13. Rabbi Jonathan Sacks, *Not in God's Name: Confronting Religious Violence* (New York: Schocken, 2015), 51.
14. Cindy K. Chung and James W. Pennebaker, "The Psycho-logical Functions of Function Words," ResearchGate, January 2007, www.researchgate.net/profile/Cindy-Chung-2/publication/237378690_The_Psychological_Functions_of_Function_Words/links/0a85e52f1898d247c2000000/The-Psychological-Functions-of-Function-Words.pdf.
15. 《撒母耳記上》14:35。
16. 《撒母耳記上》15:12。

註釋

前言

1. Kary Oberbrunner, *Unhackable: Close the Gap Between Dreaming and Doing* (Powell, Ohio: Ethos Collective, 2020), 12.
2. Steve Cohen, *Win the Crowd: Unlock the Secrets of Influence, Charisma, and Showmanship* (New York: Collins, 2006), 135.
3. Abraham Joshua Heschel，引用自Susannah Heschel之著作 *Moral Grandeur and Spiritual Audacity*前言，by Abraham Joshua Heschel, ed. Susannah Heschel (New York: Farrar, Straus and Giroux, 1997), viii.
4. Eugene T. Gendlin, *Focusing* (New York: Bantam Books, 2007), 3–4.
5. Deepika Choube and Shubham Sharma, "Psychological and Physiological Effect in Plant Growth and Health by Using Positive and Negative Words," *International Journal of Innovative Research in Technology* 8, no. 1 (June 2021), www.ijirt.org/master/publishedpaper/IJIRT151445_PAPER.pdf.
6. 《箴言》18:21。
7. Hayim Nahman Bialik and Yehoshua Hana Ravnitzky, eds., *The Book of Legends-Sefer Ha-Aggadah: Legends from the Talmud and Midrash*, trans. William G. Braude (New York: Schocken Books, 1992), 704.
8. 《雅各書》3:9。
9. 《雅各書》3:4。
10. 《馬太福音》12:34。
11. Eva Van Prooyen, "This One Thing Is the Biggest Predictor of Divorce," The Gottman Institute, www.gottman.com/blog/this-one-thing-is-the-biggest-predictor-of-divorce.
12. 《創世紀》1:3。
13. Leonard Bernstein (speech, American International Music Fund, May 21, 1963), www.loc.gov/resource/musbernstein.100020111.0/?sp=1&r=-.14,0.176,1.247,0.819,0.
14. 《約翰福音》1:1–3。
15. Drake Baer, "15 Olde English Words We Need to Start Using Again," *Business Insider*, May 5, 2016, www.businessinsider.com/olde-english-words-we-need-to-start-using-again-2016-4.
16. Susie Dent, in Nickee De Leon Huld, "How Many Words Does the Average Person Know?," *Word Counter* (blog), https://wordcounter.io/blog/how-many-words-does-the-average-person-know.
17. Dale Carnegie, *How to Win Friends and Influence People*, rev. ed. (New York: Gallery Books, 2022), xx.

第一篇：「請」的心理學

1. *APA Dictionary of Psychology*, s.v. "word-association test," https://dictionary.apa.org/word-association-tests.
2. Valeria Sabater, "Carl Jung's Word Association Test," Exploring Your Mind, November 15, 2021, https://exploring yourmind.com/carl-jung-word-association-test.

人生顧問 509

請、對不起、謝謝：美國暖心牧師用三句箴言帶你走出人生低谷

Please, Sorry, Thanks: The Three Words That Change Everything

作　　者—馬克・貝特森（Mark Batterson）
譯　　者—胡訢諄
責任編輯—許越智
責任企畫—張瑋之
封面設計—FE設計
內文排版—張瑜卿
總 編 輯—胡金倫
董 事 長—趙政岷
出 版 者—時報文化出版企業股份有限公司
一〇八〇一九臺北市和平西路三段二四〇號一至七樓
發行專線／（〇二）二三〇六—六八四二
讀者服務專線／〇八〇〇—二三一—七〇五、（〇二）二三〇四—七一〇三
讀者服務傳真／（〇二）二三〇四—六八五八
郵撥／一九三四四七二四時報文化出版公司
信箱／一〇八九九臺北華江橋郵局第九九信箱
時報悅讀網—www.readingtimes.com.tw
法律顧問—理律法律事務所　陳長文律師、李念祖律師
印　　刷—勁達印刷有限公司
初版一刷—二〇二四年一月十九日
定　　價—新台幣三五〇元

時報文化出版公司成立於一九七五年，並於一九九九年股票上櫃公開發行，於二〇〇八年脫離中時集團非屬旺中，以「尊重智慧與創意的文化事業」為信念。

請、對不起、謝謝：美國暖心牧師用三句箴言帶你走出人生低谷／馬克・貝特森（Mark Batterson）著；胡訢諄譯
--- 初版 --- 臺北市：時報文化出版企業股份有限公司，2024.1
面；14.8×21公分. ---（人生顧問509）
譯自：Please, Sorry, Thanks: The Three Words That Change Everything
ISBN 978-626-374-805-7（平裝）
1.CST: 溝通　2.CST: 人際關係　3.CST: 心理語言學
177.1　　112022016

PLEASE, SORRY, THANKS: The Three Words That Change Everything by Mark Batterson

ISBN 978-626-374-805-7　Printed in Taiwan